100 claves del desarrollo emocional en la infancia

• *Colección Cien × 100 – 30* •

100 claves del desarrollo emocional en la infancia

Laura Bendesky Corenstein

Primera edición: septiembre de 2019

C/ Mallorca, 314, 1.º 2.ª B • 08037 Barcelona
Tel. 977 60 25 91 – 93 363 08 23
lectio@lectio.es
www.lectio.es

Diseño y composición: 3 × Tres

Impresión: Romanyà Valls, SA

ISBN: 978-84-16918-56-0

DL T 1035-2019

A Malke, León y Eyal,
por su amor y ayuda incondicional.

ÍNDICE

Sí importa

Identidad

Límites

Tiempo en familia

Redes

Los pares

Buenos hábitos

PRÓLOGO

El libro que hoy tienes en tus manos es de esos que hace años estaba esperando que se publiquen. Por muchos motivos, me siento como seguramente tú te habrás sentido frente a ese niño que acaba de llegar a tu vida llenándola de ilusión, alegría y esperanza. Su autora, Laura Bendesky, es de esas personas únicas: además de ser una gran profesional como psicóloga clínica, posee una enorme calidad humana y afectiva. Desde hace 9 años tengo el privilegio de compartir su experiencia y proyectos en el Instituto de la Infancia, así que sé que este libro es la suma de todas estas cualidades. Me alegra que padres y educadores a partir de hoy también puedan acercarse a sus ideas y trayectoria en el campo de la atención a la infancia.

Celebro además la publicación de este libro, porque quienes nos dedicamos a la psicoterapia con niños y adolescentes, así como a formar a educadores y a profesionales, sabemos lo difícil que es recomendar publicaciones que aborden los aspectos emocionales y evolutivos de manera rigurosa y a la vez divulgativa. Tanto maestros como padres suelen pedirme bibliografía para ampliar determinados conceptos y este es el libro que recomendaré por la cantidad de temas, la claridad y el rigor con las que su autora ha hecho algo que resulta enormemente difícil para quienes divulgamos: hablar de manera sencilla de temas de enorme complejidad y hacerlo a la luz de lo que ocurre con la crianza en nuestra época.

Vivimos tiempos complejos en los que los padres se sienten más solos frente a la crianza que en ninguna etapa anterior en la historia de la humanidad; tiempos de cambios permanentes en los que las familias amplias cada vez son más pequeñas; tiempos en los que abuelos, padres, tíos se desplazan de ciudad; tiempos en los que los divorcios aumentan viviéndose pérdidas desde muy pequeños; tiempos nuevos en cuanto a que la velocidad con la que todo acontece no da tiempo a comprender y a elaborar; tiempos en los que afortunadamente los modelos de familia se van modificando, dando una mayor apertura en la manera de construir vínculos; una época en la que se facilitó el acceso a la maternidad o paternidad de la mano de la ciencia; tiempos de familias reconstituidas, de nuevos hermanos que llegan a la vida de los niños gracias a nuevas formas de convivencia. Todo ello genera en la infancia de hoy nuevas preguntas que los adultos hemos de prepararnos para responder.

Laura Bendesky nos ofrece, a partir de su experiencia en el campo clínico y educativo, un libro cuyo gran mérito es acompañarnos por el intenso recorrido del desarrollo infantil de manera amena, sintética y con una gran organización en nada menos que 100 aspectos fundamentales.

Rescato en este sentido una de sus frases que condensa toda una filosofía frente a la maternidad y paternidad: «La tarea de los padres es conseguir que los hijos sean autónomos, acompañándolos, guiándolos y ayudándolos en el arduo camino de la dependencia a la independencia.»

Si bien hay libros que nos acercan a aspectos evolutivos de la infancia, pocos tienen la virtud del libro que tenemos en nuestras manos: ser una guía que acompaña los cuestionamientos que se hacen padres y educadores: ¿Es normal que ocurra esto a su edad? ¿Por qué pasa? ¿Qué estaré haciendo mal?

Lejos de dar consejos o pautas de manera global, la autora plantea ideas que ayudan a pensar, acompañan y permiten compartir aspectos de la crianza frente a los que los adultos pueden sentirse solos o con dudas. Esto es algo a agradecer, ya que cada niño y cada madre o padre son diferentes y requieren soluciones diferentes frente a un mismo conflicto y hay muy pocas lecturas que nos acompañen en este sentido.

Laura Bendesky, a lo largo de muchos años de trabajo, sigue las ideas y las referencias de grandes autores, que comparte en la bibliografía y que nos han influido en la manera de entender qué es un niño.

Destaco tres niveles de lectura que forman parte de cada capítulo a lo largo de este libro.

Como primer nivel, más allá de hábitos, rutinas y aspectos de la conducta, nos habla de la construcción de la identidad, de lo que le hace sufrir o gozar, de cómo ha de construirse para lograr ser él mismo como alguien autónomo y diferente a sus padres, de cómo en definitiva necesita más o menos de sus padres para poder crecer a lo largo de la vida.

Como segundo aspecto, en cada capítulo nos habla de la mirada del adulto que acompaña al niño y cómo le guiará frente a todas las experiencias que vivirá.

Como tercer aspecto, me entusiasma la posibilidad que nos da la autora de hacernos preguntas, de ponerse en lugar del padre o del maestro frente a las transformaciones y el crecimiento del niño con el que está aprendiendo a vincularse: ¿Cómo entrará este niño con sus características y personalidad en la vida emocional del adulto que le espera?

Rescato en este libro su valor de guía y acompañante. Un libro de cabecera que no solo invita a una única lectura, sino al que podemos regresar una y otra vez frente a los desafíos de las nuevas etapas de hijos y alumnos: ¿Antes de abordar el control de esfínteres, qué nos dice? ¿Y qué acerca de las mentiras? ¿Y la lectura o la tecnología, cómo incluirlas en la vida de los más pequeños?

Ahora queda disfrutar de su lectura, sea solos, en pareja o junto al equipo con el que trabajamos, y agradecer a Laura su gran trabajo al habernos ofrecido una obra tan completa que nos invita a acercarnos a la infancia con una mirada renovada.

VERÓNICA BRONSTEIN
Directora del Instituto de la Infancia

01 / 100

HIJO EN LA FANTASÍA – PRECONCEPCIÓN

El desarrollo de un ser humano y su vida emocional no comienzan cuando nace, ni siquiera cuando es concebido, empiezan mucho antes, en el momento en el que los padres lo imaginan, lo sueñan, lo desean.

Los hijos comienzan a existir en la mente de sus progenitores cuando fantasean cómo serán como padres, cómo será físicamente este hijo, si será varón o mujer, alto o bajo, si será guapo, a qué colegio irá o, incluso, hasta qué profesión tendrá. El imaginario paterno es tan potente que en ocasiones ya pueden visualizar a ese hijo jugando al fútbol, tocando el piano, bailando ballet o estudiando la carrera de medicina.

Estos hijos imaginarios pueden existir aunque aún no se haya encontrado a la pareja con la que se tendrá a este hijo. Incluso aparecen previamente, desde la infancia, cuando los niños juegan con sus muñecos, o entre ellos, a que son padres.

En la vida adulta, cuando se conoce a una pareja con potencial de cumplir las funciones paternas, comienzan a surgir una serie de interrogantes, tales como: ¿Querrá tener hijos? ¿Cuántos? ¿Me imagino teniendo un hijo con él o ella? ¿Será un buen padre o una buena madre? ¿Podremos formar una familia juntos? ¿Tendremos hijos con una u otra característica?

Cuando la preconcepción del hijo está más cerca y una pareja planea un embarazo, todos estos pensamientos se empiezan a incrementar. Pero no ocurre hasta que una mujer se ha quedado embarazada que se activan sin control, en ocasiones provocando una sonrisa en la cara y en otras poniéndose en marcha miedos y angustias de que algo pueda ir mal.

Sin embargo, este es un hijo en la fantasía, en el deseo, en la imaginación y a veces no corresponde con la realidad. Se debe tener cuidado porque las decepciones y desilusiones pueden aparecer.

Todas estas ideas y pensamientos se mezclarán con la historia personal de cada uno de los padres, con lo que han vivido en su propia infancia.

02 / 100

EMBARAZO

El embarazo es un período en el que tanto la madre como el bebé se preparan progresivamente para el momento del nacimiento. La madre debe alojar en su vientre a un ser que nacerá al pasar aproximadamente nueve meses, debe cuidarse ella para que el bebé crezca sano y acondicionar su cuerpo para albergar a este nuevo ser.

También el bebé debe prepararse, y lo hace desarrollando todas las partes de su cuerpo, sus órganos y sus sentidos, para así poder enfrentarse a este nuevo mundo que estará por conocer al término de su gestación y que sin duda será muy diferente al que conoce dentro del útero de su madre.

La mayoría de los mamíferos durante el embarazo preparan muy bien al feto para que cuando nazca pueda sobrevivir, pero en el caso del ser humano cuando nace es cien por cien dependiente de los cuidados del otro, tanto físicos —comida, limpieza, vigilancia— como emocionales —para formarse como un sujeto psíquico y convertirse en persona—. La pequeña criatura no puede hacerse cargo de ella misma y obliga al adulto a responder a sus demandas y sus necesidades, las que en un principio deberán ser satisfechas lo más inmediatamente posible.

Seguramente que para la madre será una experiencia inolvidable y sorprendente la de sentir un ser vivo y sus movimientos dentro de su vientre.

Existen todo tipo de embarazos: algunos con malestares como náuseas, vómitos, cansancio e incomodidad, y otros que no suelen dar tantas molestias o son menores; en ocasiones estos síntomas duran solamente los primeros meses y en otras no cesan, hay mujeres que deben pasar algún tiempo en cama, otras que se encuentran muy cansadas, y hay a las que los cambios hormonales afectan en demasía.

Sin embargo, en la mayoría de los casos, las ganas de que llegue el nuevo integrante a la familia son el motor que impulsa a que se puedan sobrellevar estos achaques, y que se viva con alegría y emoción el proceso. Un claro ejemplo es cuando los futuros padres acuden a las revisiones médicas y pueden ver a su pequeño bebé en una ecografía o escuchar su corazón.

El papel del padre o la pareja durante el embarazo es de gran soporte para la mujer y el bebé; si este padre no está presente siempre hay alguien que pueda cumplir con esta función y estar cerca de la madre. Además ambos progenitores deben estar conscientes de que tendrán que ocuparse de las necesidades infantiles de su hijo, lo que puede llegar a ser un gran desafío.

03 / 100

MOMENTO DEL NACIMIENTO

El momento del nacimiento es algo que los padres no suelen olvidar nunca.

Parir es una experiencia única que despierta emociones muy intensas, no obstante, esto no quiere decir que si se adopta a un niño o se opta por un vientre de alquiler no se pueda sentir esa ilusión de verlo y tenerlo en los brazos por primera vez.

Algunos padres asisten a cursos de preparación al parto para sentirse más seguros y con más herramientas. Por lo general todos los futuros padres tienden a imaginar cómo será el momento del nacimiento, si será un parto natural, una cesárea o si se le suministrará anestesia a la mujer, desatándose muchas fantasías en torno a ese acontecimiento. Sin embargo, por mucha preparación, los padres deberían estar conscientes de que, tanto durante el momento del alumbramiento como posteriormente, se hallarán en un territorio impredecible y desconocido y que no será lo mismo cuando el bebé ya pase las 24 horas del día con sus padres. Intervendrán también aquí los cambios hormonales en la madre, además de las posibles heridas del parto y posteriormente de la lactancia.

Los bebés pasan de un estado de supuesta y completa satisfacción a otro en el que comienzan a sentir necesidades, carencias y frustraciones.

El estado emocional de la madre es muy importante; es crucial que esté receptiva y que pueda percibir y entender poco a poco los estados emocionales y las necesidades del recién llegado. Es por eso que el padre y el resto de las personas más cercanas a ella, además de interesarse por el nuevo integrante de la familia, deben preocuparse por la madre y por su bienestar.

Desde el embarazo, se hace cuanto se puede para proporcionar el entorno perfecto para el bebé que está por llegar, con la esperanza de protegerlo y cuidarlo. Se suele pensar que si se consigue que todo sea adecuado para el bebé —comer alimentos sanos durante el embarazo, hacer algún tipo de práctica de relajación, escuchar música clásica, tener claro qué tipo de parto se quiere tener, cómo será el primer contacto con este bebé— entonces se estarán asentando los cimientos para que tanto la vinculación como el comienzo de la vida sean lo mejor posible. Pero es importante tener claro que si las cosas no suceden tal y como fueron imaginadas o planeadas, esto no quiere decir que los padres están fallando a su bebé o en sus funciones paternas.

La vinculación con los bebés puede ser muy diversa y no solo va a producirse cuando los eventos se desarrollan sin ningún tipo de problemática.

Tener un bebé es una experiencia extraordinaria y que sin duda cambiará la vida para siempre.

04 / 100

ENCUENTRO CON LOS PADRES

Durante el embarazo y el parto —incluso después— los padres pueden experimentar tanto sentimientos positivos como negativos, tanto angustia como una enorme felicidad y tanto dolor como placer, y, a su vez, el hijo que nace también puede encontrarse al servicio de estos sentimientos. Por todo esto el proceso de vinculación entre padres e hijos, como cualquier otro tipo de relación profunda, va a requerir no solamente de disfrutar los momentos buenos, sino también de poder afrontar experiencias difíciles y encontrar el camino para resolverlo juntos.

El recién nacido necesitará sentirse arropado, cuidado, reconfortado y sostenido. Cualquier madre que siga estando conectada con su bebé y que tenga sintonía con este se podrá ocupar instintivamente de sus necesidades.

El bebé, este nuevo ser humano, tendrá que aprenderlo todo: a dormir, a comer, a moverse y, conforme va creciendo, a hablar, a controlar sus esfínteres, a caminar, a dibujar y demás aprendizajes que conlleva el ser parte de la raza humana. Estos aprendizajes no serán fáciles, pero hacerlos con el soporte de los padres seguro que será de gran ayuda. No solamente será el bebé quien tenga que aprender muchas cosas, también sus padres tendrán que enfrentarse a nuevos aprendizajes.

Cuando se tiene al primer hijo, este se encuentra con unos padres primerizos y este encuentro con su paternidad y con su hijo estará lleno de nuevas vivencias cargadas de dudas, errores, equivocaciones, preguntas, noches sin dormir y cuestionamientos, pero también de alegrías y satisfacciones al ver crecer a su hijo. Por eso tendrán que aprender todos juntos a realizar de la mejor manera posible este reto vital.

No todo depende del desempeño de los padres, también los bebés tienen ciertas características personales y un temperamento que en cierta manera determina su forma de ser: unos son más tranquilos, duermen más, comen mejor, lloran menos y, por el contrario, otros son inquietos, les cuesta dormir, no comen lo suficiente y lloran bastante.

En estos momentos, también se pone de manifiesto el encuentro con los propios padres y con la relación que se ha tenido con ellos, así como con la propia historia, y se comenzarán a evocar todo tipo de recuerdos, buenos o malos.

Nadie nos enseña a ser padres, esta experiencia puede poner en juego a nuestra persona, es un camino lleno de dificultades y satisfacciones y el encuentro de cada bebé con cada padre será distinto.

05 / 100

LOS INICIOS

Al comienzo de su vida, el bebé necesita que lo alimenten, lo protejan, lo cuiden, lo mimen, lo higienicen, lo amen, lo sostengan y lo entiendan. Tanto física como psicológicamente hablando, el bebé debe sentir que recibe todo lo que precisa. Una buena cantidad de narcisismo y de baños de amor, serán la base para el adecuado desarrollo de una persona.

En este inicio, los bebés se relacionan a través de la boca y los ojos y, en cuanto son capaces de agarrar cosas con sus manos, el mundo cobra un nuevo e interesante significado.

Todo este amor que el niño va a recibir será parte de los cimientos para su seguridad, su autoestima y la confianza en sí mismo y en los demás.

El bebé y su madre entrarán en una especie de simbiosis o unión, en la cual el bebé todavía no tiene conciencia de sí mismo como un ser distinto a ella. Construirán entre ellos una relación muy especial e intensa en la que quizá el padre se sentirá excluido, abandonado y muy posiblemente celoso. Es un proceso normal, pero hay que intentar llevarlo lo mejor posible ya que serán tiempos de posibles crisis de pareja. Y aunque se sabe que no es una tarea fácil, si los padres pueden estar más unidos y fortalecer su vínculo, ayudarán al buen desarrollo del niño y de ellos como personas.

Posteriormente el padre tendrá que romper esta célula simbiótica para dar origen a la triangulación en la que cada uno de los picos son ocupados por la madre, el padre y el bebé. Si el padre está ausente, puede encargarse de esto otra persona o institución.

Se necesitan grandes dosis de paciencia y comprensión hacia este nuevo ser humano. Ser tolerantes, no desesperar y confiar en que se hallará la manera de ir entendiendo y resolviendo las necesidades del pequeño. Intentar fiarse de que son buenos padres y que podrán ir aprendiendo y haciéndolo de la mejor manera posible será una de las claves del éxito.

No hay que tener miedo a equivocarse y pedir ayuda, se puede aprender cosas en los libros, conversando con médicos o con otros padres, por observación, por intuición, por el día a día, por las abuelas, las tías o los profesionales, pero también serán los hijos quienes enseñarán a los padres a llevar a cabo esta difícil pero fascinante tarea.

Los tres primeros años de vida son decisivos para la evolución de una persona, así que merece la pena consagrarles el tiempo y la dedicación para que los niños se desarrollen óptimamente y con las mejores bases para el resto de la vida.

06 / 100

COMPARTIR LA CRIANZA

Lo esperado sería que los padres comiencen las tareas de crianza con un profundo deseo de satisfacer las necesidades de este nuevo pequeño ser que ha llegado al mundo y que harán todo lo que esté a su alcance para hacerlo feliz.

Hoy en día es cada vez más frecuente que tanto los padres como las madres participen en las tareas de la casa y en el cuidado de los hijos, ya que en muchas parejas ambos progenitores trabajan.

Las cosas han cambiado mucho. Antes los roles estaban más definidos, el hombre iba a trabajar, mientras la mujer se quedaba en casa al cuidado de los hijos. Ahora el padre se implica más que antes y lo suele hacer con gusto.

Es necesario dividir entre los progenitores las tareas que impone la paternidad y el hogar, así como aprovechar si son dos las personas al cuidado de los hijos para que cada uno pueda tomarse un descanso y así estar en las mejores condiciones para cuidar a sus descendientes.

La paternidad y la maternidad no son iguales, son distintos roles que deben complementarse y compaginarse. En cada pareja se decidirán y se asignarán según convenga y conforme a las posibilidades y la disponibilidad de cada uno.

También es frecuente que las tareas de crianza, hoy por hoy, se compartan con los abuelos, quienes, con la entrada cada vez más frecuente de la mujer en el mundo laboral, están ejerciendo —en muchos casos— un rol de cuidador.

Cuando las bajas parentales llegan a su fin, sobre todo la madre, tendrá que debatirse entre el *deber* volver al trabajo contra la culpa que siente de *tener* o de *querer* retomar su vida y su trabajo. Lo principal a tener en cuenta es que un niño se desarrollará mejor con una madre satisfecha y libre de frustraciones, sea cual sea su decisión de trabajar o quedarse en casa.

Compartir las vivencias, experiencias y la educación de los hijos va a fortalecer los vínculos de la pareja; los niños necesitan de unos padres unidos que se quieran y que lo quieran.

07 / 100

CONOCIMIENTO Y EXPLORACIÓN DEL CUERPO

El bebé va a conocer la vida y el mundo sobre todo a través de su cuerpo; sus primeros instrumentos para relacionarse serán la boca y la piel.

En un inicio, todo pasa inspección a través de la boca. Poco a poco el resto de sus sentidos irán interviniendo y, más adelante, otras zonas de su cuerpo comenzarán a llamarle la atención y se dedicará a explorarlas.

Cuando un bebé empieza a tener conciencia de su propio cuerpo, comenzará también a darse cuenta de que es un ser separado e indiferenciado de su madre.

A partir de los 3 meses de vida los bebés empiezan a sentir que tienen mucho más control, pueden disfrutar más de su cuerpo y lo van descubriendo con fascinación: hallan con asombro sus manos y su pies, comienzan a extender sus brazos para tocar o agarrar objetos o personas, se dan cuenta de que por su boca salen sonidos y experimentan con ellos, al igual que con expresiones faciales propias y ajenas.

Además, descubrirán sus genitales y el placer que les produce tocarlos. Más adelante, en el período en el que empiezan a controlar los esfínteres y dejan el pañal, el interés por los órganos sexuales irá en aumento. Es importante que los adultos acepten esta curiosidad y puedan dar respuestas directas a sus preguntas, eso sí, siempre adaptadas a la edad del niño.

Los niños, al tomar conciencia, conocer y aprender sobre las distintas partes de su propio cuerpo, irán construyendo una imagen integrada de su esquema corporal, que será la base para la elaboración de su propia identidad personal, construyendo así la representación mental de su propio cuerpo, de sus partes, sus límites y sus posibilidades de acción.

Al sentir y explorar cómo es su cuerpo, los niños irán fabricando una idea más específica acerca de quiénes son y cómo son.

08 / 100

DORMIR EN SU PROPIA HABITACIÓN

Los padres se preguntan: ¿Cuándo debo pasar a mi hijo a su propia habitación? ¿Le pasará algo si está lejos de nosotros? ¿Se sentirá solo? ¿Tendrá miedo? ¿Escucharemos si llora o deja de respirar?

Es de esperar que este cambio, que supone introducir cierta distancia entre el bebé y sus padres, demande algunos ajustes antes de que el pequeño pueda adaptarse a su nueva situación.

Aunque un bebé está listo para irse a su habitación aproximadamente a los 2 meses, se puede alargar quizá entre dos a cinco meses más aproximadamente, sobre todo porque hay que estar alerta de la muerte súbita en los pequeños.

La realidad es que no hay una regla de oro, y cada familia tiene que hacerlo cuando se sienta cómoda y preparada. Hoy en día existen diferentes teorías acerca de qué es lo correcto, si esperar y alargar lo más posible, utilizando incluso las novedosas *cunas colecho*, en las que la cuna es una extensión de la cama de los padres y la madre ya no tiene que levantarse de su lecho para alimentar a su hijo, o si hacerlo sin mucha demora para poder recobrar la intimidad entre los padres y entrenar desde edades tempranas a los niños a dormir en su propia habitación, teniendo en cuenta que la enseñanza de los límites a los pequeñitos comienza ya desde aquí.

Lo cierto es que cuanto antes se realice este cambio será más fácil para todos los que habitan la casa, el bebé se acostumbrará desde pequeño a dormir solo y los padres no tendrán que pasar largas noches yendo y viniendo a la habitación de su hijo.

Es importante que un niño pueda tener su propio espacio, como también lo es el que los padres puedan disfrutar del suyo y de su intimidad, teniendo una vida sexual sin la presencia del menor en la misma habitación.

Servirá de reflexión, poder pensar de dónde nace la necesidad de tener al hijo en la cama, si viene del niño o, en cambio, de alguno o ambos de sus progenitores.

La mayoría de los niños desean dormir en la cama de los padres, lo intentarán cada vez que puedan, si hace falta cada noche, pero lo óptimo sería que los padres puedan acompañar a los hijos de vuelta a su cama, si es preciso, quedarse un momento ahí con ellos hasta que vuelvan a dormirse. Es comprensible que los padres quieran aprovechar al máximo sus horas de sueño y que escoltar a los niños de vuelta a su cama requiera de un gran esfuerzo, pero merece la pena realizarlo.

Los niños que duermen cada noche en la cama de sus padres suelen padecer de ansiedad, ya que se encuentran ocupando un lugar que no les corresponde. Los padres deben habitar su sitio físico y psíquico en la familia y los hijos, el suyo.

09 / 100

EXPLORAR EL MUNDO

A partir de los 3 meses el bebé se va haciendo más fuerte, comienza a estar más integrado y pasará de ser un individuo solamente preocupado por satisfacer sus necesidades a tener la disponibilidad de investigar su periferia.

Entre los 6 y los 12 meses de edad la exploración del mundo de los bebés adquiere una nueva dimensión: antes se limitaban a lo que estaba a su alcance y ahora es cuando son capaces de desplazarse y ampliar su universo. Responden con más entusiasmo frente a las nuevas habilidades que van adquiriendo y expresan su alegría, su afecto y su humor más notoriamente, aunque también protestan cuando algo les disgusta. Todo esto es fruto de que poseen una mayor capacidad de integrar sus sentimientos y pensamientos.

Empezarán a arrastrarse, a gatear e irán descubriendo todo lo que encuentran a su alrededor: los objetos, las personas y las diferentes sensaciones. Con esta posibilidad de movimiento los niños comienzan a inspeccionar, y lo harán abriendo y cerrando puertas, armarios o cajones, examinando objetos chupándolos o tirándolos al suelo y tocando todo lo que está a su alcance.

Todos estos juegos les servirán para irse dando cuenta de lo que pueden hacer y lo que no deben, y les ayudarán a ir conociendo el mundo, las personas, las cosas y los objetos. Podrán ir integrando también conceptos como duro o suave, rompible o irrompible, peligroso o seguro, agradable o desagradable y prohibido o permitido.

Los niños pequeños son como esponjas que lo absorben todo y, por lo general, tienen un deseo de aprender. Su evolución irá también en función de los estímulos que vayan recibiendo.

Para los padres suele ser maravilloso percibir como su pequeñín poco a poco se va encontrando más cómodo en el mundo y comenzando a disfrutar de las experiencias conocidas que van dando forma a su vida.

Más adelante, cuando aprendan a caminar, serán ellos quienes decidan, de manera voluntaria, si se alejan o se acercan de las personas y de las cosas, comprobarán que existe espacio fuera de ellos, que los objetos están lejos, pero que si caminan pueden estar cerca. Asimismo, descubrirán nuevas dimensiones, ángulos, posiciones, caminos y formas de desplazarse. Estar de pie cambiará su visión del mundo.

Todas las vivencias, estímulos del entorno y conocimientos que irá poseyendo, basados en su experiencia, le permitirán al niño sentirse lo suficientemente seguro como para atreverse a hacer más cosas por su cuenta.

10 / 100

RELACIÓN CON LA COMIDA

Uno de los primeros encuentros de un niño cuando viene al mundo es con el pecho de su madre. La primera experiencia de recibir algo de una persona es a través del alimento y se establece la siguiente cadena: alimento-amor-bienestar. Esta relación con la alimentación es constante, básica y debe mantenerse durante muchos meses para que esta nueva vida pueda sobrevivir y progresar. Si la madre por cualquier motivo no puede amamantar a su bebé, el biberón que alimenta al pequeño con el mismo afecto hará la misma función.

El recién nacido pierde la posibilidad de alimentarse sin realizar ningún esfuerzo —antes la madre comía por él— y comenzará a experimentar sensaciones que son totalmente desconocidas. Tendrá que ir reconociendo qué es el hambre y qué es la saciedad. Ver a un bebé satisfecho después de la comida significa, para la persona que lo está criando, que está sano, que puede llenarse y gozar, que valora lo que se le ofrece, que puede calmar su malestar y que se encuentra bien con los cuidados que se le procuran.

La decisión y las posibilidades de la lactancia materna son muy personales e individuales y dependerá de muchos factores, tanto fisiológicos como emocionales. Las madres no deben sentirse culpables por el hecho de no poder o no querer dar pecho a sus bebés; lo que importa es que, aun a través del biberón, los padres o cuidadores puedan alimentar al pequeñito con ternura y afecto.

Cuando un bebé empieza a comer alimentos, deja de ser un lactante y está listo para recibir la comida desde una mayor distancia —como con el uso de sillitas para bebé o tronas— y esto representará un cambio importante tanto para el bebé como para la persona que lo alimenta.

La introducción de los alimentos sólidos, en algunos casos, es todo un reto y cada criatura responderá de forma distinta ante estas nuevas sensaciones, sabores y texturas extrañas para ellos.

Los niños son los únicos que pueden decidir si comen o no, si abren la boca para comer o no, y pueden pasar horas en la mesa manipulando a sus padres con la ingesta de la comida y provocando preocupaciones y desquicios en los progenitores. Lo que es cierto es que ningún niño se dejará morir de hambre, a menos que estemos hablando de una enfermedad o de una depresión infantil.

Como padres se ha de tener claro que no se debe ni premiar ni castigar con la comida; el alimento, al igual que la higiene o la salud, es una necesidad y no hay que usarlo para otros fines más que los alimenticios.

11 / 100

CONTROL DE ESFÍNTERES

El control de los esfínteres comienza aproximadamente a los 2 años de edad, y representará uno de los más grandes retos a los que un niño se habrá enfrentado hasta este momento de su existencia. Por eso es necesario realizar el entrenamiento para esta conquista con su participación, no solamente como una imposición de una norma.

Si antes de este momento el interés de los niños se centraba alrededor de lo que pasaba por su boca, ahora comienzan a sentir sensaciones en las partes de su cuerpo relacionadas con la expulsión de la orina y de las heces y comenzarán a decidir cuándo ir al baño y cuándo no y a tener el control, lo que les produce una gran satisfacción.

Existen claves que nos indican si un niño está preparado para dejar el pañal, entre las que se encuentran:

– saltar con las dos piernas,

– subir las escaleras y bajar por un tobogán,

– curiosidad por el orinal o por ver cómo los demás van al baño,

– solicitar que no quiere usar más el pañal y que desea llevar ropa interior,

– experimentar sensaciones de incomodidad al llevar puesto el pañal,

– pedir a sus cuidadores que lo cambien cuando está sucio,

– avisar cuando va a orinar o a defecar,

– mantener el pañal seco durante más de dos horas o después de una siesta,

– subir y bajarse los pantalones sin ayuda,

– quedarse en la misma posición por más de dos minutos,

– seguir órdenes sencillas.

Cuando comienza este proceso se requiere mucha paciencia y comprensión. Seguramente más de una vez el niño no podrá controlar sus esfínteres.

Hay padres que tienen mucha prisa por que su hijo deje el pañal y quizá este no se encuentre preparado, por lo que se generarán muchos conflictos, estrés y nerviosismo. Sin embargo, una vez iniciado el proceso, no se recomienda volver atrás, ya que emocionalmente es una regresión.

Por todo esto, es recomendable:

1. Asegurarse que el niño está física y mentalmente maduro para este proceso.

2. Que este entrenamiento se realice de manera respetuosa, facilitando el progreso y evitando que el niño pueda vivirlo violentamente o como un fracaso o un fallo. En un ambiente de tranquilidad y serenidad, el niño podrá entrenarse con más facilidad.

El significado de las evacuaciones es distinto para los adultos que para los niños; para los segundos tiene componentes también a nivel psicológico, pueden verlo como un regalo a la madre, como algo nocivo o vivirlo como algo que se desprende de ellos y que cuesta trabajo dejarlo ir.

A algunos niños les es complicado controlar sus esfínteres, puede ser que el defecar fuera del pañal no les agrade o que les espante la taza del baño, por lo que los pequeños prefieran aguantarse durante días. Como consecuencia, los padres, en su desesperación y con el afán de ayudar, pueden llegar a poner el pequeño orinal en otra parte de la casa, pero no olvidemos que todos realizamos nuestras necesidades en el baño y que es lo que debemos transmitir a los niños también.

Existen juegos que pueden ayudar a que los niños controlen sus esfínteres, y estos suelen ser placenteros para ellos. Algunos ejemplos son pasar agua de un recipiente a otro y jugar con barro, tierra o materiales con los que pueda ensuciarse.

Alrededor de los 3 años de edad, la mayoría de los niños ya han podido controlar los esfínteres y todo gracias al esfuerzo de los padres o cuidadores y claramente del niño. Este control equivale a crecer y a dejar de ser un bebé.

12 / 100

LENGUAJE

Las palabras que utilizamos los humanos son representaciones de la realidad que nos permiten relacionarnos con ella y comunicarnos entre nosotros, atribuyendo significados a las cosas, los lugares, las acciones y las emociones.

Durante los primeros meses de vida, la comunicación del bebé se va a limitar a sonidos guturales, llantos y gritos que intentan expresar que tiene hambre, dolor o alguna incomodidad. También pueden comunicarse mediante la mirada o los gestos. Los padres pueden sentirse angustiados al no poder comprender lo que su pequeño desea transmitir y no lograr satisfacer su necesidad o calmar una conducta.

Durante el primer año de vida el menor logrará comunicarse de forma más eficiente y comenzará a decir alguna palabra, y poco a poco irá aprendiendo a reproducir los vocablos y a entender su significado, a construir frases y oraciones, expandiendo así cada vez más su vocabulario y su capacidad de comunicación. A través del lenguaje empezarán también a expresar sus emociones, sus malestares y sus preferencias.

Como en cualquier desarrollo y aprendizaje, no todos los niños desarrollarán el lenguaje al mismo ritmo. Dependerá de muchos factores.

Conforme va pasando el tiempo y con la ayuda de un adulto podrán ir identificando que existe una palabra o palabras que ayudan a poder definir y expresar aquello que sienten o piensan. Pero no es una tarea fácil para los pequeños, por eso es recomendable que los adultos los ayuden poniendo palabras a lo que están viviendo y sintiendo, así los niños se sentirán comprendidos.

La adquisición del lenguaje en la vida de un niño ayudará a su vez a enriquecer su juego, pondrá palabras a lo que está jugando y podrá compartirlo con otras personas.

El aprender a hablar es un avance muy importante para los niños. Se puede ver a padres, familiares y al mismo niño orgulloso de ir pronunciando palabras y de aplicarlas como corresponde.

13 / 100

DIFERENCIAS ENTRE NIÑOS Y NIÑAS

Desde que un niño nace —y gracias a la tecnología médica incluso antes del nacimiento— se puede saber por simple observación si es un varón o una mujer. También los niños muy pequeños son capaces de decir si ellos son niños o niñas, pero para ellos esa definición aún no está completa, todavía los conceptos de feminidad y masculinidad no están instaurados en su organización mental.

Hacia los dos años de edad, los niños comienzan a darse cuenta de las diferencias que existen entre ser niño y ser niña, sobre todo las diferencias físicas. Descubren que los niños tienen pene y las niñas vagina.

Tanto en la guardería o en el parvulario como en el entorno familiar con los hermanos o primos, cuando los pequeños van al baño o cuando se cambian de ropa se dan cuenta de estas diferencias anatómicas y comienzan a hacerse preguntas sobre el origen de los niños, del embarazo o del parto.

A nivel inconsciente, las niñas pueden llegar a confundirse al darse cuenta de que no tienen pene y pensar que quizá se lo han quitado, y a su vez los niños pueden tener miedo de que se lo quiten.

Poco a poco las diferencias en la ropa, en el pelo, en los gustos, en los juegos o juguetes se harán más evidentes. También los pequeños comienzan a identificarse con su parte femenina o masculina y con lo que la sociedad impone para un género o para otro.

Las disparidades que surgen entre niñas y niños quizá sean el resultado de una combinación de lo innato y lo aprendido; la biología ha marcado sus diferencias, pero la educación y las expectativas sociales van a profundizarlas o a minimizarlas.

En cuanto a los juguetes, la atracción que sienta un niño o una niña por ellos dependerá de sus gustos e intereses, sin embargo la cultura en la que viven y se desarrollan los menores influirá. Existen juguetes que han sido diseñados para niños y otros para niñas y prueba clara de esto es la publicidad que se genera alrededor de ellos. La sociedad también dicta el tipo de juguetes o juegos con los que se espera ver jugando a los niños según su sexo, provocando que los padres, amigos y demás familiares obsequien ese tipo de regalos desde el nacimiento. No obstante, cuando los niños y niñas son pequeños están libres de complejos y jugarán indiferenciadamente a una cosa o a la otra.

Está claro que ser mujer u hombre no es lo mismo. Partiendo de la base de que el cuerpo de cada uno es distinto encontramos la primera diferencia; también las hormonas se segregan en diferente cantidad y aun los avances científicos han encontrado diferencias entre el cerebro femenino y el masculino. Pero no hay que olvidar que las experiencias de vida van moldeando a las personas y adquieren gran importancia en el desarrollo del individuo y en la diferenciación sexual, y que la influencia que ejerce la familia, la cultura, la educación y la sociedad es notable.

14 / 100

ENTRADA EN LA GUARDERÍA

En esta época, en la que suele ser más común que ambos padres trabajen y deban incorporarse nuevamente a su trabajo, en algunas familias existe la alternativa de dejar al bebé a cargo de los abuelos o de un cuidador en casa, pero, si no es el caso, los niños acuden desde pequeños a las guarderías. Estas facilitan la solución a los problemas de conciliación de la vida laboral y familiar y han tenido que adaptar sus horarios y facilidades para hacerse cargo de esta demanda social.

La entrada en la guardería tiene muchos matices, no solo para el pequeño, que ha de quedarse en un sitio desconocido con personas ajenas a él, sino también para los padres, para los que puede suponer un proceso difícil.

Está comprobado que si los niños perciben que la madre sufre por dejarlos, a ellos también se les dificultará la separación o, por el contrario, si la madre observa que su hijo se queda llorando lo pasará muy mal. Lo importante es que los padres tengan claro que dejar a sus hijos en la guardería desde pequeños no los convierte en malos padres.

Lo ideal sería que esta separación pudiera hacerse paulatinamente para que tanto el niño como su madre o padre puedan irse adaptando lo mejor posible a este cambio y a esta separación.

Establecer una relación de cercanía con el personal de la guardería les ayudará a conocer cómo se encuentra allí su bebé y las necesidades que va presentando.

Conforme el tiempo va pasando y los padres aprenden a confiar en las personas encargadas de los cuidados de su hijo, todo se irá ajustando y acomodando. Resulta saludable, para el niño y para su crecimiento personal, ampliar su mundo más allá de sus padres, poder salir de casa, estar en otros espacios y relacionarse con otros niños. Sin embargo, no siempre sucede positivamente y el sufrimiento familiar es elevado... Quizá simplemente no era el momento más propicio y se tendrá que pensar en otra opción que resuelva la problemática.

Otro factor a tener en cuenta es la edad en la que un niño entra en la guardería o escuela. Si hasta el momento estuvo en casa con los padres o con algún cuidador, sin la oportunidad de convivir con otros niños, aprender a compartir sus cosas y sus juguetes, relacionarse con más gente fuera del núcleo familiar, separarse de sus padres y convivir con otros le será más complicado.

Cuidar a bebés y niños implica mucha responsabilidad y esfuerzo. La confianza en los educadores es importante para que puedan realizar su trabajo correctamente. Siempre encontraremos docentes que nos gusten más que otros o con los que nuestros hijos se relacionen mejor.

Hoy en día hay tantas opciones para elegir a cuál escuela los padres desean llevar a sus hijos y tantos modelos educativos distintos, que en ocasiones resulta difícil la elección y tener la seguridad de si es la opción correcta o no. Lo importante es encontrarse cómodos y ser congruentes con la manera de educar y enseñar.

15 / 100

SEPARARSE Y SOCIALIZAR

La primera experiencia de separación que un niño tiene en su vida es el nacimiento: el bebé pasa, en un período de tiempo relativamente corto, de la vida fetal en la cual es dependiente totalmente de la madre, a una vida extrauterina en la que ya se es un ser independiente de su progenitora, aunque esto no quiere decir que no la necesite, sino todo lo contrario.

Unos padres suficientemente buenos son los que al principio de la vida de su bebé se dedican en exclusiva a él, pero que por beneficio mutuo conseguirán separarse progresivamente y atender otras necesidades y obligaciones.

Para que se pueda llevar a cabo una buena separación entre el menor y sus figuras de referencia, es necesario que previamente haya existido una buena y saludable unión.

En un comienzo, para un bebé las desapariciones de la madre pueden ser intolerables y vividas como abandonos, y poco a poco tendrá dentro de él integrada la imagen mental de la madre y comprenderá que esta va a regresar para estar con él. Si la madre es suficientemente buena, permitirá al niño estar solo sin sentirse abandonado.

Separarse de los padres quiere decir convertirse en un ser social, el jugar con otros niños y relacionarse con otras personas le permitirá al menor separarse de sus padres y poder interesarse por los demás. Esta separación ayudará al niño a ir creciendo y adquiriendo más confianza en sí mismo.

Durante la vida, los niños tendrán que ir descubriendo cosas por sí solos a través de su propia experiencia. Una vivencia que resulta importante es el separarse de sus padres gradualmente para poder socializar, adquirir nuevos placeres y expandir su universo. Esta tarea no siempre resulta fácil y en ocasiones puede provocar angustias, tristezas y complicaciones, llevando al pequeño a experimentar sentimientos de soledad y abandono.

Ayudar a los hijos a crecer es ayudarlos a conocer y a soportar las separaciones entre ellos y con otras personas.

La socialización en los niños es un proceso en cierto sentido lento y tendrá que ver con las capacidades de interacción que tenga cada niño, con su seguridad, con la ayuda de sus padres y con sus posibilidades de dar y recibir, que son las bases de la interacción con el otro y que lo llevarán a poder socializar en un futuro con su grupo de pares.

Cuando los padres ayudan a sus hijos a separarse de ellos y a convertirse en seres sociales, les están ayudando a construir las bases de su autonomía e independencia.

16 / 100

RELACIÓN ESCUELA – CASA – FAMILIA – MAESTROS

Como ya he mencionado, la entrada en la escuela ocurre con más anticipación y cada vez son más los niños que con escasos meses de vida tienen que entrar en guarderías ya que ambos progenitores trabajan.

Habrán ciertas dificultades intrínsecas al proceso y padres e hijos podrán sentirse ansiosos durante el primer tiempo, así que la colaboración y ayuda de los nuevos cuidadores de los niños y el reconocimiento y toma de conciencia de los padres acerca de sus preocupaciones y ansiedades harán más sencilla la adaptación del pequeño.

Al comienzo, algunos niños necesitarán llevar a la escuela algún objeto que les recuerde a sus padres: un juguete o un libro de casa. Cuando van creciendo y el lenguaje oral se va desarrollando de mejor manera, podrán evocar la imagen de sus padres y mediante las palabras sentirse simbólicamente más cerca de ellos. Hasta aproximadamente los 5 años de edad, los niños de una u otra manera hablan de sus padres durante la jornada escolar.

Los niños también tendrán que acostumbrarse a que en casa, por lo general, estarán o ellos solos o con sus hermanos, pero que en la escuela tendrán que compartir a su maestra con el resto de compañeros, que en la mayoría de las aulas no será inferior a 20, por lo que tendrán que hacer un mayor esfuerzo para entender las cosas, poner atención, ser autónomos y no necesitar tanto del otro.

Para conseguir un óptimo funcionamiento entre todas las partes, es necesario estar en constante comunicación y llegar a un adecuado entendimiento, promoviendo un contacto regular. Es recomendable que las preocupaciones que surjan tanto en casa como en la escuela se puedan ir compartiendo para evitar posibles dificultades o complicaciones futuras. Un claro ejemplo de una mala comunicación sería cuando unos padres no han informado en la escuela que se han separado y no viven más en la misma casa; el profesor notará que hay un cambio en la conducta del niño, pero no entenderá por qué.

Aunado a esto, se sabe que la mayoría de los niños no suelen explicar muchas cosas a sus padres acerca de lo que acontece en la escuela. ¡Cuántas veces hemos escuchado a un niño contestar con la palabra *nada* cuando se le pregunta por lo que ha hecho durante la jornada escolar!

Los niños pasan muchas horas en la escuela, y van recibiendo de sus maestros, de sus compañeros y de otros adultos influencias que van moldeando su vida. El colegio les servirá para ampliar sus mundos, aprender, conocer, competir, reírse, enfadarse, hacer amigos, frustrarse y conseguir logros.

No existe la escuela perfecta, que se amolde totalmente a las necesidades del niño y de su familia, pero es crucial que los padres y los docentes jueguen en el mismo equipo y no se conviertan en rivales, procurando no olvidar nunca que el fin último es el bienestar del niño.

17 / 100

CAMINO A LA INDEPENDENCIA: PODER ESTAR SOLO

El bebé, mediante transformaciones psicológicas, interacción con las personas y con el medio que le rodea y a través de experiencias y aprendizajes, pasará de una etapa de indefensión y de absoluta dependencia hasta convertirse en un ser con capacidades y decisiones propias.

Una de las expresiones más directas de una persona para proclamar su autonomía y su identidad como un ser único es el *no*, el poder negarse o mostrar que está en desacuerdo. No debe tomarse como algo negativo, sino canalizarlo hacia fines constructivos ya que nos habla de una buena salud emocional.

Se sabe que, cuando comienza esta etapa de negativismo en los niños, los padres suelen perder la paciencia al enfrentarse a un pequeño desafiante que no quiere obedecerlos. Pero hay que mantenerse firmes y, no porque el niño diga que «no», los padres tienen que ceder ante su oposicionismo. Se debe enseñar al niño que no es un ser omnipotente y que existen límites y reglas que se deben cumplir.

Hay que ayudar a los niños a tener la seguridad de que estar solos —en el grado que corresponde a su edad— no es peligroso y que no siempre han de estar acompañados. En realidad, estaremos contribuyendo a fortalecer su sentido de valor como individuo y su autoestima.

Cuando los niños van madurando y su desarrollo emocional se vaya perfeccionando, podrán estar solos cada vez más tiempo y sin angustiarse, pero solamente podrán aprender eso si durante mucho tiempo pudieron estar solos en presencia de una persona que los estaba cuidando, que aunque los estaba observando les iba dando cada vez más su espacio. Todo esto le va a ir permitiendo al niño poder realizar sus propias acciones y poder estar a solas con sus adultos de referencia interiorizados.

La tarea de los padres es conseguir que los hijos sean autónomos, acompañándolos, guiándolos y ayudándolos en el arduo camino de la dependencia a la independencia.

18 / 100

HERMANOS

La llegada de un hermano no es solamente un suceso importante para el hermano mayor, sino también para los padres. Al igual que cuando se tuvo al primer hijo, la aparición del segundo supondrá nuevos ajustes de vida, de la rutina, del trabajo.

Cada niño llega a la familia en un momento distinto en la vida de los padres: la edad de los progenitores es otra, su situación profesional y laboral pueden haber cambiado, la relación de pareja quizá no es igual... Es decir, su situación vital en general ha sufrido modificaciones. Debido a esto, se suele decir que cada hijo tiene unos padres distintos, aunque sean los mismos.

Por otro lado, nunca es lo mismo el primer hijo que el segundo o el tercero. Con el primero todo era novedoso, pero ahora se cuenta ya con una experiencia previa, hay aprendizajes ya adquiridos como saber cambiar un pañal, bañar, dar de comer, etcétera. Sin embargo aspectos como la organización de los padres y de la casa, las fantasías y deseos de este nuevo hijo, la preocupación de los padres por que todo salga bien, entre otras, vuelven a revivirse de igual forma que cuando el primer hijo estaba en camino.

A los padres suele preocuparles cómo tomará la noticia de la llegada de un nuevo miembro a la familia el que hasta ahora era el único niño en casa, el que recibía todas las atenciones, mimos y cuidados. Este niño verá como el cuerpo de su madre irá transformándose, al igual que su estado de ánimo, la relación con el padre y hasta la organización de las tareas y actividades cotidianas.

Tener un hermano pequeño es una experiencia única y movilizadora del estado emocional que supone en cierta medida un trauma. Puede dar origen a ciertas regresiones, en las cuales aprendizajes que ya se tenían asumidos pueden parecer desaprendidos. A modo de ejemplo encontramos los siguientes: podrán volver a hacerse pipí en la cama (enuresis nocturna), a querer alimentarse nuevamente del pecho materno, hacer berrinches que ya no corresponden a su edad o hablar con voz de niño más pequeño. Esta es la manera que tienen para decir que ellos también quieren recibir tantas atenciones o que añoran ser pequeños nuevamente.

La llegada de otro ser a la familia debería suceder en un buen momento para todos.

Un sinfín de emociones como los celos, la rabia, la envidia o el odio se despertarán en el hermano mayor, y hasta cierto punto son normales y esperadas ya que ahora tendrá que competir por el amor de sus padres. En la mayoría de los casos, estos sentimientos suelen oscilar con otro tipo de emociones, como el amor, el cariño, la gratitud y los deseos de cuidar y proteger al hermano menor. Ayudará que los padres faciliten que el hasta ahora hijo único pueda expresar sus sentimientos y emociones, hablando de ellos o desplegándolos mediante sus juegos.

La relación que un niño puede tener con sus hermanos, que es distinta a la que tiene con los adultos, puede ayudar a las futuras relaciones que tendrán con sus pares.

La compañía infantil más íntima para un niño es un hermano, aunque si no se tienen o no hay una buena relación, también lo pueden llegar a ser los amigos, primos, vecinos y compañeros de escuela. Los hermanos son una fuente de aprendizajes de todo tipo —afectivas, de habilidades, de socialización, de juego— y remueven muchas emociones.

19 / 100

MANEJO DE CELOS ENTRE HERMANOS

Los celos son algo normal en todos los humanos y en todos los hermanos. Es un sentimiento universal que supone cierto dolor, que forma parte de la experiencia de las personas y que expresa un miedo natural.

En el caso del hermano mayor la situación es la siguiente: antes él era el único, el que recibía toda la atención, el destinatario del tiempo de sus padres y el que no tenía que compartir a mamá y a papá, pero ahora, cuando ha llegado otro, las cosas cambian y la amenaza de perder el amor de los seres queridos es la que pone en marcha a los celos.

Para evitar que los celos en el hermano mayor crezcan es aconsejable lo siguiente:

– permitirle que toque al hermano menor,

– prestarle mucha atención,

– cuidarlo y mimarlo,

– realizar actividades y pasar tiempo a solas con él,

– recordarle cuánto se le quiere,

– reforzar su autoestima y sus logros,

– evitar decirle constantemente las típicas frases de las que los adultos acostumbran a abusar y que los niños suelen odiar («Tú ya eres mayor», «Eres el hermano mayor y debes comportarte como tal»...),

– no dejar al pequeño bajo su cuidado, sobre todo cuando el hermano mayor es un crío todavía,

– prohibido establecer comparaciones entre los hermanos.

Los celos, las rivalidades y las peleas entre hermanos son normales hasta cierto punto, y pueden ayudar a los niños a aprender a afrontarlas también en el mundo exterior, fuera de la familia. Si se exacerban y los conflictos se vuelven demasiado grandes, se podría considerar que se está convirtiendo en algo patológico y se debe pedir ayuda profesional para saber cómo manejarlo e impedir que vayan en aumento.

20 / 100

LUGAR QUE OCUPA DENTRO DE LA FAMILIA

El lugar que ocupa cada uno de los hijos en la familia es único, exclusivo, diferente e irrepetible.

Muchas cosas influirán a la hora de definir el rol de cada uno en el seno familiar. Será muy distinto ser el primogénito, el segundo, el de en medio, el único o el más pequeño, y este lugar predispondrá el papel que desempeñará cada uno, pero serán también los padres, la familia cercana y la sociedad quienes los colocarán en ese rol.

También influirá si es un varón o una mujer, ya que el papel que cada hijo lleva a cabo en una familia suele ser distinto según el sexo. Otro factor a tener en cuenta es el momento en el que cada uno llega a la familia, la situación económica, anímica y social son muy cambiantes y pueden variar de año a año.

Con cada uno de los hijos los padres deben reajustarse y comenzar un proceso de descubrimiento nuevamente desde el principio para poder otorgarles un lugar en exclusiva a cada uno de sus descendientes.

Cuando un niño es hijo único o aún no tiene hermanos, podrá disfrutar de toda la atención de los padres y sus experiencias y logros serán valorados y observados por ellos, ocupando por así decirlo el lugar del *rey de la casa*.

De este modo, se irán desempeñando diferentes roles y funciones dentro del núcleo familiar, y si uno de los miembros por algún motivo falta el resto se tendrá que reacomodar para funcionar y, sin duda, la dinámica será distinta.

Además de lo mencionado anteriormente, ejercerá sus efectos la personalidad que cada uno de los miembros tenga. No todos los hermanos mayores son iguales, ni tampoco lo son todos los pequeños de la familia, aunque ocupen el mismo lugar.

21 / 100

TIEMPO PARA CADA HIJO

Cada uno de los hijos necesita que los padres le dediquen tiempo y espacio en privado, en el que se le pueda atender, comprender y acompañar en solitario. Es comprensible que no sea sencillo realizar esta labor y que los tiempos y las dinámicas que acontecen en una familia puedan ser un obstáculo para conseguirlo.

Cuando en una familia hay un niño pequeño y también un bebé puede ser complicado y hasta abrumador brindarle a los dos la atención que necesitan y demandan según su etapa de desarrollo. Los padres lo harán lo mejor que puedan, pero lo principal es que ninguno de los dos se sienta abandonado.

Es altamente recomendable que, aunque sea media hora durante el fin de semana, la mamá o el papá puedan dedicar un tiempo a cada hijo sin la presencia del otro, para que se pueda sentir especial, cuidado y escuchado. No es necesario realizar una gran actividad, con salir juntos a comprar el pan o tomar un helado y poder hablar, reír y estar en contacto con el menor ya es suficiente; lo importante es aprovechar este momento para estar más cerca, dedicándole este tiempo en exclusiva, ofreciéndole toda la atención.

Aunque es una tarea difícil y complicada los padres deben intentar satisfacer las necesidades de cada uno de sus hijos y asegurarse de prestarles el cuidado que necesitan, trabajando unidos para poder resolverlo de la mejor manera posible.

Cuando los padres pueden dedicar un tiempo por separado a cada hijo y pueden darles un momento de atención plena y sin tener que estar por el otro hermano, mirando el móvil o haciendo alguna labor doméstica, estarán enviando el mensaje a su hijos de que tienen suficiente padre y madre para todos y que los tienen presentes a cada uno de ellos, sin importar el número de hermanos que se tengan.

22 / 100

EL HIJO ÚNICO

Las decisiones o factores por los que una pareja decide tener solamente un hijo suelen ser distintos y pueden estar relacionados con razones económicas, fisiológicas, relacionales, con la edad de los padres, una separación o simplemente una decisión que se ha tomado porque así se desea o se considera lo más conveniente.

Sea cual sea el motivo que ha limitado a un solo hijo la paternidad, los padres tendrán que llevar a cabo ciertas acciones que contribuyan a que su único retoño pueda convivir con otros niños, jugar con ellos, hablar y relacionarse con sus pares. Estos pueden ser vecinos, primos, hijos de amigos, compañeros de escuela o de extraescolares. Al no contar con la presencia de otros hermanos en casa, de esta manera se le brindará la oportunidad para que pueda tener la experiencia de estar en contacto con otros niños y aprender a convivir, compartir, competir y relacionarse.

Es importante que los niños cuenten con la compañía de otros niños para no sentirse solos y poder pasar por las vivencias que difícilmente se pueden tener con los adultos.

El hijo único recibe más atención que un hijo que la tiene que compartir con sus hermanos, y tendrá la oportunidad de tener a sus padres para él solo y en exclusiva, podrá intimar con ellos sin la presencia de competidores.

Los padres de un hijo único, que será el centro de atención de la casa, deben andar con cautela para que ese hijo no quede atrapado entre los dos progenitores. Ocupar el lugar del *rey de la casa* no quiere decir que todo se vale, será necesario establecer límites adecuados a este niño para que no se convierta en un niño mimado al que todo se le está permitido.

23 / 100

ESCUCHARLOS

Escuchar a los niños es importante desde el comienzo. Cuando un bebé emite los primeros sonidos, necesita que sus padres u otras personas lo escuchen y le devuelvan palabras o caricias.

Conforme los niños crecen e incorporan las palabras en su vida, también necesitarán de otro que los escuche, los corrija y se alegre por el logro que significa la adquisición del lenguaje para ellos.

Criar a un hijo es una tarea muy absorbente, que requiere de un gran esfuerzo y que representa un constante trabajo. Continuamente es necesario hacer cosas con los hijos, para los hijos o por los hijos.

Pero más allá de alimentarlos, de vestirlos, de preocuparse por su higiene y su salud, de llevarlos a la escuela y a las actividades vespertinas, hay que tomarse el tiempo para escucharlos y observarlos, es decir, para conocerlos y así poder descubrir qué es lo que les gusta y qué les disgusta, cuáles son los motivos por los que suelen enfadarse y qué acciones o actividades les hacen sonreír.

Los niños cuando son pequeños no cuentan con todas las palabras que necesitan para poder expresar lo que les acontece, y cuando son más grandes y cuentan con los vocablos necesarios quizá no puedan tampoco transmitir correctamente el mensaje y pueden estar sintiendo algo que no tengan claro lo que es o cómo expresarlo. Es por eso que la escucha no debe ser simplemente prestar oídos a sus palabras, sino también estar atentos a sus expresiones y actitudes. Incluso cuando los niños enferman recurrentemente puede ser un indicador de que algo les está sucediendo y que su cuerpo está hablando por ellos.

Todo lo que tenga que decir un hijo es importante, por lo que se recomienda que los padres puedan tomarse el tiempo y poder parar para prestarles atención, pues muchas veces se escapan cosas por no haberlos escuchado.

24 / 100

DARLE IMPORTANCIA A SUS PROBLEMAS Y A SUS LOGROS

Aunque para los adultos los problemas de los menores puedan parecer irrelevantes y absurdos, para los niños son reales y preocupantes. Es necesario escucharlos, entenderlos y acompañarlos, y en ningún caso burlarnos de ellos, ya que podremos dañar gravemente su autoestima.

Como adultos debemos entender que, para la dimensión infantil, los amigos, los deberes, los problemas y las cosas que les preocupan son diferentes a las de un adulto, por lo que es necesario tomarnos en serio cuando un niño de cualquier edad se siente enfadado o indignado por algún motivo, e intentar, según la magnitud del problema y la edad del menor, ayudarlo a resolver lo acontecido e ir entrenándolo para que pueda aprender a solucionar lo que le sucede por sí mismo.

Al igual que hace falta poner atención a los problemas y preocupaciones de los niños, también debemos estar atentos a sus logros y poder reconocerles aquello que han conseguido. Cabe aclarar que ese reconocimiento no debe ser comprando objetos materiales cada vez que, por ejemplo, un niño apruebe un examen, sino reforzarlo con palabras o incluso pasando tiempo de calidad en familia, realizando alguna actividad del agrado del niño juntos.

Reconocer lo que el niño logra es una labor relevante que deben realizar los adultos que rodean a un niño; si se pone énfasis en los éxitos de los pequeños se sentirán más seguros.

Los niños necesitan de un adulto que muestre interés de manera respetuosa a sus dudas, sus temores, sus incertidumbres y sus conflictos, y que los mayores transmitan un mensaje que exponga que es de importancia lo que les está sucediendo. Si un niño recibe este trato, podrá mostrar a su vez empatía ante otras personas, y cuando sea adulto, sabrá escuchar y entender a los niños, recordando cómo fue reconfortado y auxiliado cuando delante de un problema o confusión recibió ayuda.

Ayudar a los hijos a confiar en sus habilidades y resolver sus problemas, e ir marcando límites al mismo tiempo, será una tarea gratificante pero a su vez un reto.

25 / 100

LA CALMA

La gran olvidada de nuestros tiempos es *la calma*, pocos son los que se acuerdan de ella y le otorgan la importancia que se merece. Hoy, en que todo pasa tan veloz, en que todo se resuelve en un momento y en que la capacidad de espera es tan corta, hemos dejado de lado a una compañera que tanto nos ayuda en la crianza de los niños: *la calma*.

Para acompañar a los críos en su desarrollo se necesita mucha paciencia y tranquilidad, tanto en las grandes acciones como en las pequeñas. Tenemos que ser tolerantes y permitirles que se desenvuelvan y se desarrollen a su ritmo, estimulándoles lo que haga falta, pero siendo respetuosos con su momento evolutivo.

Hoy por hoy, parece que los padres compiten por presumir que sus hijos conocen todas las letras, todos los colores o que saben contar hasta 100 cuando tienen solamente 2 o 3 años, causando culpabilidad en los padres que no han conseguido que sus hijos lo logren. Cada vez se les exige a los menores que aprendan a leer y a escribir a edades más tempranas, cuando quizá su cerebro no está suficientemente maduro para hacerlo, ocasionando posibles dificultades en la adquisición de aprendizajes.

Reina la sensación de que los niños no viven en un mundo en el que se respira calma. En muchos casos, desde el momento en que se despiertan ya están como en una carrera, con prisa para vestirse, para desayunar y para ir a la escuela. Al salir del cole están llenos de actividades extraescolares y van de un sitio a otro sin parar. Y, por último, al llegar a casa el ajetreo continúa cuando tienen que hacer los deberes, bañarse, cenar y prepararse para el día siguiente. Todo esto origina que los niños posean en realidad poco tiempo para jugar e incluso para aburrirse, que también es necesario para su desarrollo.

Ayudaremos a los niños también si les podemos ofrecer el tiempo para jugar, inventar, crear y entretenerse con calma y sin prisa.

26 / 100

EXPECTATIVAS PROPIAS Y DE LOS PADRES

Cuando un hijo nace es cuando se pondrá en juego el bebé de la fantasía, el que se había imaginado y deseado, y se verá si encaja o no con las expectativas familiares. Las situaciones más felices serán cuando el bebé se ajusta con lo que se tenía esperado, pero si no es así puede originar cierto sufrimiento. En cualquier caso, lo más importante es poder adaptar las expectativas que se tenían a las características reales del bebé.

Este hijo irá creciendo y desarrollándose en un mundo cada vez más exigente y competitivo, algunos padres presionan a sus hijos para adquirir nuevas habilidades e incluso para sobresalir ante su grupo de pares. Pero es recomendable, primero que nada, evitar las comparaciones ya sean con otros niños o con sus hermanos, e intentar estimular a los hijos de otra manera, y segundo, poder parar y pensar si ese logro que queremos que cumpla el menor tiene que ver con nuestro hijo o bien con nosotros, con algo que no hayamos podido alcanzar y que queramos que los hijos lo hagan por nosotros. Es importante reconocer al niño por lo que es y por cómo es, ya que le ayudaremos a ser él mismo y no una sombra del otro o de los deseos del otro.

Existen padres que solamente pueden ver a sus hijos bajo una única lente, por ejemplo como un niño inteligente o tranquilo o malo o berrinchudo, y los encasillan ahí, limitando su visión para poder ver a su hijo desde otra perspectiva. Para el niño esto puede resultar muy complicado y le será complejo poder salir de ahí y vivir con las expectativas positivas o negativas que sus padres hayan depositado en él.

El problema con las expectativas es que en ocasiones los niños terminan por identificarse con ellas, se las creen, se las compran y las hacen suyas, llegando a limitarse ellos mismos a desarrollar otras caras de su personalidad.

Hay padres que están tan preocupados por el éxito de sus hijos que lo único que acaban consiguiendo es agobiarlos, asfixiarlos y poner en riesgo su interés por el aprendizaje, fomentando a su vez que puedan rebelarse posteriormente al llegar a la adolescencia. Incluso en ocasiones los padres pueden tomarse los logros y derrotas de sus hijos como algo personal, llegando a sentirse a veces unos triunfadores y en otros momentos unos fracasados.

Es aconsejable no fijar las expectativas como padres o hacia los hijos demasiado altas, ya que si no se consiguen todo lo que queda debajo de ellas será vivido como un fracaso y originará frustraciones.

27 / 100

EL JUEGO: REFLEJO DE BIENESTAR

El juego es esencial en el desarrollo de los niños, les ayuda a abrirse el camino hacia los sentimientos, las relaciones, las interacciones y contribuye a descubrir por qué ocurren las cosas. Es un espacio creativo, de intercambio y de diálogo y es esencial para el desarrollo emocional, intelectual y social de los niños en el cual se pueden depositar sentimientos positivos y negativos.

Desde los primeros meses de vida existe el juego. Comienza con el cuerpo y con la voz y, a medida que va creciendo el niño y sus necesidades y capacidades van cambiando y evolucionando, el juego va modificándose también. El niño y su juego están intrínsecamente relacionados y se van transformando el uno al otro. Desde muy pequeños los niños ya se asombran delante de juguetes, muñecos, peluches, sonajas y demás objetos con los que pueden jugar.

En un inicio el niño jugará solo, aunque esté al costado de otros pequeños, y tendrá dificultades en compartir sus juguetes. Poco a poco se irá abriendo al mundo y a la socialización y podrá jugar con otros niños y engrandecer su experiencia lúdica.

El juego en el niño es el equivalente al trabajo en el adulto, es una labor que irá desarrollando durante todo su proceso de crecimiento para ir conociéndose a sí mismo y al mundo que lo rodea y que le ayudará a poder manejar sus emociones de manera más adecuada.

El jugar, además de producirle placer, le servirá para poder proyectar sus ansiedades y poder elaborar situaciones vividas, que sean traumáticas, que le causen dolor, que sean difíciles de comprender o bien que le hayan resultado muy agradables. Es por eso que el juego repetitivo le ayudará a divertirse y sentir placer, pero también a entender, resolver y conocer mejor lo que le acontece en la vida.

El juego es una experiencia creadora, es la vía más libre para que el niño pueda socializar y resolver inquietudes que se generan por el contacto con el mundo. Además de entretener al niño, también le es útil para poder expresar, asimilar, entender y resolver preocupaciones y experiencias a las que se enfrenta en su cotidianidad y poder dominar mediante el juego aquello que le ha impresionado.

A veces un niño intentará hacer por sí mismo lo que le han hecho a él y así pasará de una vivencia pasiva a una activa, reproduciendo sus vivencias. Es por eso que podemos observar a niños que después de ir al médico a que le pongan una vacuna, o al dentista a que le saquen un diente, estarán jugando con sus hermanos, con sus compañeros o con sus muñecos a repetir lo vivido hasta que lo hayan asimilado. De esta forma, el niño irá creando su aparato psíquico y sus relaciones con el mundo.

Hoy en día, con tantas actividades regladas en la escuela, tantas clases extraescolares y el frecuente uso de las pantallas, los niños se han visto afectados al disponer de poco espacio para el juego libre, en el que pueden inventar, imaginar, fantasear y crear a su antojo.

El juego es signo de salud en un niño, es universal y natural y es lo que más disfruta un niño haciendo. Ya Sigmund Freud decía que el juego es la ocupación más intensa y favorita de un niño. Por lo tanto, si un niño no juega debemos preocuparnos, ya que puede ser indicador de algún trastorno en la evolución infantil o la presencia de una situación conflictiva en su vida.

El juego infantil ocupa un lugar muy importante en la construcción de la personalidad de los pequeños. Mediante el jugar el niño puede expresar y comunicar sus sentimientos, sus deseos, sus fantasías, sus conflictos y sus temores.

28 / 100

LA IDENTIFICACIÓN

Las identificaciones son procesos psíquicos mediante los cuales una persona se apropia o asimila algún aspecto o algún atributo de otra persona y lo hace suyo. Los seres humanos nos vamos construyendo por identificaciones.

Las identificaciones son necesarias e inevitables, son parte de la vida y de cada uno de nosotros, lo hacemos sin darnos cuenta ya que evidentemente todo este proceso va a suceder de manera inconsciente.

La identificación es un mecanismo psicológico encargado de realizar operaciones que contribuyen a la constitución del sujeto. Los individuos se van a construir por la suma de estas identificaciones. Explicado de otra manera, se puede decir que el carácter está constituido por el conjunto de rasgos identificatorios.

Los niños necesitan identificarse con los adultos, principalmente con sus padres, para poder ir construyendo su personalidad, aunque posteriormente lo harán también con adultos de referencia como son sus maestros o familiares cercanos, al igual que con sus amigos, sus superhéroes favoritos o sus jugadores de fútbol predilectos.

En principio los niños tenderán a identificarse con su padre, con sus actitudes y con su masculinidad y las niñas con su madre, con sus atributos femeninos y sus cualidades de mujer.

Uno se puede identificar con rasgos positivos o negativos, con acciones amorosas o con peleas o discusiones vividas por uno mismo o que han sido presenciadas y observadas desde fuera pero que han causado un fuerte impacto emocional.

No es lo mismo una identificación que una imitación: imitar es copiar, pero identificarse tiene que ver con transformarse.

29 / 100

ENCONTRAR LA PROPIA IDENTIDAD

Como ya hemos mencionado anteriormente, la identidad está basada en las identificaciones e irá apareciendo desde el comienzo de la vida. A medida que el niño va creciendo y va incorporando identificaciones, su propia identidad va a ir cambiando y evolucionando.

Aunque cada niño tiene su propia personalidad, gran parte de cómo es tiene que ver con sus padres y con lo que ha ido tomando de ellos. Los niños necesitan figuras significativas de las cuales aprender y admirar para irse construyendo.

Dentro de una familia, cada miembro tiene su propia identidad, todos han de encontrar la manera de encajar del mejor modo posible en la constelación familiar e irse adaptando a los cambios y experiencias que los vayan acompañando a lo largo de los años. Asimismo, dependerá también del sitio que cada niño esté ocupando; no será lo mismo si es el primogénito, el del medio, el menor o si es hijo único.

Cuando un niño está construyendo su identidad, los padres y adultos que se encargan de su cuidado y educación, en el momento que deban regañarlo, ponerle un límite o hacer uso de alguna crítica constructiva, es recomendable que intenten utilizar en mayor medida el verbo *estar* que el verbo *ser*. No será lo mismo decirle a un niño «eres tonto» que decirle «tú eres un chico muy inteligente, me sorprende que estés actuando de esta manera», como tampoco tendrá el mismo efecto en la identidad de un menor decirle «tú eres malo» que decirle «has hecho algo malo o has actuado mal». Si obramos erróneamente, corremos el riesgo de que el niño incorpore estos negativismos en su identidad y los haga suyos, se los crea de verdad y comience a comportarse en sintonía con estas creencias.

En conclusión, podemos decir que muchas personas son parte de la identidad de cada uno y cada uno es parte de la identidad de otras personas.

30 / 100

DESARROLLO DE LA PERSONALIDAD

Cada niño es único y tiene una personalidad propia e inigualable.

La personalidad se va creando y moldeando, está formada por el temperamento, con el que ya nacemos, y el carácter, que se va forjando durante la vida con las experiencias y vivencias a las que nos enfrentamos.

Cada ser humano tiene su propia personalidad, esto quiere decir que es única e irrepetible y durante la infancia es cuando se van a construir las bases de esta.

Está íntimamente relacionada con lo que nos va ocurriendo a lo largo de la vida, como eslabones que se van uniendo y nos van determinando. Gran parte de lo que somos es lo que vivimos.

Desde el momento en que un bebé nace, muchos padres afirman que su hijo ha demostrado características singulares. Existen bebés tranquilos y dóciles y otros inquietos, difíciles o llorones. Estas actitudes ya irán dando las pautas de cómo será su personalidad e influirá en la manera en la que los padres con base en esto se relacionarán con su bebé. Sin embargo, conforme el niño va creciendo, su identidad y su personalidad van cambiando y evolucionando. Después durante un tiempo quizá se estabilice de cierta manera, y será en la adolescencia cuando las aguas se remuevan nuevamente.

El modo en el que un niño pequeño piensa o actúa tendrá mucho que ver con las relaciones con sus padres desde que era un bebé.

Una buena crianza ayudará a los niños a tener fortaleza y una equilibrada organización de la personalidad, aunque se ha de tener claro que, por muchos esfuerzos que se hagan, siempre hay situaciones imprevistas que no se pueden evitar.

El carácter de cada individuo dependerá de lo que desde la infancia se vaya viviendo, de las experiencias familiares, escolares y sociales, así como de las acciones y reacciones como fruto de la convivencia con otras personas.

31 / 100

LA CULTURA

La cultura en la que cada niño nace influirá intrínsecamente en la manera en la que este se desarrollará, en los aprendizajes que irá adquiriendo y en la forma de relacionarse con el otro. No es lo mismo un niño que nace y crece en Barcelona, en Tokio, en Kenia, en Nueva York o el que lo hace en un pueblo de los Andes. Pero, a su vez, dentro de una misma ciudad conviven distintas culturas, por lo tanto el barrio y el contexto familiar en el que se desarrolle un niño también tendrá un peso importante en la manera en la que este se desenvuelva.

Existen aspectos que ya vienen determinados por la cultura en la que nace un niño, pero también dependerá de la familia y sus valores, así como del tipo de educación que se le brinde, la escuela a la que acuda, con quién se relacione y sus propios deseos e intereses.

Hoy en día, en este mundo tan globalizado y lleno de movilizaciones demográficas en el que cada vez es más común y frecuente, por múltiples razones, que las personas y las familias busquen un cambio de residencia, diversas culturas se mezclan, interactúan, se nutren las unas a las otras y conviven.

Para poder entender a un niño, es crucial entender de dónde viene, cuáles son sus orígenes familiares, sociales, educativos y culturales. Esto nos dará información y nos ayudará a entender ciertos comportamientos y actitudes del menor y de la familia que lo rodea.

Como padres, educadores y adultos de referencia en la vida de los niños debemos enseñarles a aceptar las diferencias, a ser tolerantes, a valorar la diversidad cultural y a enriquecerse de los otros.

32 / 100

IMPORTANCIA DE LOS LÍMITES

Poner límites a un hijo es señal de amor.

Los límites son una enseñanza para los menores y, a su vez, les ayudan a contenerse. Deben ir imponiéndose a medida que un niño va creciendo y en relación con sus logros de autonomía. También hay que darle tiempo al niño para que los pueda ir asimilando e incorporando.

Cuando una pareja tiene hijos, es importante que dediquen un tiempo para reflexionar sobre el tipo de educación que quieren darle a sus descendientes y las medidas educativas que desean implementar en su casa y en su familia. Obviamente no estarán de acuerdo en todo: son dos personas distintas, con historias de vida diversas y un pasado diferente, por lo que será necesario llegar a acuerdos, aprendiendo a aceptar las diferencias, sin atacar la autoridad del otro. Pero, sobre todo, deberán evitar contradecirse delante de los niños; es más recomendable hacerlo en privado.

Las tres claves principales para que los límites funcionen vienen definidas por las tres C:

– que sean claros,

– que sean consistentes,

– que sean cumplibles.

Es prudente dar explicaciones a los niños de por qué se les dice que deben hacer esto o no tienen que hacer lo otro; no importa la edad que tenga el niño, hay que explicárselo con palabras.

Los límites están relacionados con las rutinas diarias, que les aportan seguridad y los alejan de ansiedades. Si los menores conocen su rutina y saben de antemano lo que pasará estarán más tranquilos. Esto no quiere decir que hay días puntuales en los que se puedan hacer excepciones, o que el fin de semana funcione de manera distinta.

Educar a un niño y ponerle límites no es tarea fácil y resulta agotador. A veces parece más sencillo ceder ante la demanda del niño para evitar discusiones, pero a la larga esto suele ser contraproducente. Más vale hacer el esfuerzo, y posteriormente padres e hijos se verán beneficiados. No hay que tener miedo de ejercer como padres, hay que saber confiar en los límites que uno debe imponer y mantenerse firme ante ellos. A los niños no les pasará nada si se les dice que *no* a algo.

Hay progenitores que pierden la paciencia muy rápido y recurren a los gritos o a los golpes, y esto solamente pondrá más nervioso al niño y se portará peor.

Es necesario que los niños tengan claro quién es la autoridad en casa. Evidentemente no se trata de establecer una tiranía, pero sí es importante que cada uno tenga claro el lugar que ocupa en la familia. Si la autoridad es confusa, los niños pueden terminar controlando las situaciones que no les corresponden y, aunque al parecer disfrutan teniendo el control y ejerciendo un poder total sobre los padres, esta situación termina por angustiarlos.

Consensuar acuerdos entre los padres, con los hijos y entre los hermanos ayudará a que la dinámica familiar se desenvuelva de mejor manera.

Es normal que los bebés y los niños protesten, se quejen y pongan a prueba los límites, pero en el fondo se sienten aliviados cuando los límites resisten, ya que los necesitan para crecer más sanos y felices.

33 / 100

SOBREPROTECCIÓN

Se debe cuidar a los hijos, procurar su bienestar físico y psicológico y acompañarlos en su crecimiento, pero también hay que permitirles realizar cosas por sí solos.

Si los padres están al lado de sus hijos en todo momento para resolver cualquier especie de conflicto, tropiezo o adversidad que surja, estarán enviando a los menores el mensaje de que ellos no son capaces de hacer las cosas sin la ayuda del otro. Por supuesto que se debe estar cerca para ayudarles en lo que haga falta, pero los niños tienen que tener la convicción de que poseen recursos propios para resolver ciertos problemas, evidentemente acordes a su edad cronológica.

Si sobreprotegemos a los hijos tampoco los estamos preparando para conseguir su autonomía y enfrentarse al futuro. Si les resolvemos todos los problemas y les aplanamos el camino, después ellos no sabrán cómo resolver sus asuntos, tendrán miedos y una baja tolerancia a la frustración cuando las cosas no surjan como ellos desean o como estaban planeadas.

En otras palabras, si se les asignan responsabilidades a los hijos se les entrenará para el futuro, por el contrario, si se les resuelve todo y no se les brindan las herramientas para aprender a decidir, se verán perjudicados e inclusive podría fundarse la base de futuros trastornos en la adolescencia.

Cuando un niño comienza la guardería o el parvulario, si los padres actúan de manera sobreprotectora podrá tener efectos nocivos en la adaptación de su hijo, quien podrá presentar actitudes y conductas negativas. Por eso sería recomendable valorar si esta sobreprotección en realidad le está generando un mal al menor, al transmitirle las angustias de sus progenitores.

Quizá debamos reflexionar acerca de cómo el sobreproteger en el fondo resulta contraproducente, ya que lo que provoca es una desprotección y una baja capacidad de resolución de las adversidades ante las incertidumbres de la vida.

34 / 100

RABIETAS

Las rabietas son reacciones emocionales que se producen aproximadamente en los niños entre los 18 meses y los 3-4 años de edad. Son manifestaciones en las que los niños gritan, lloran, se tiran al suelo, pegan y les cuesta controlarse.

Una rabieta es una de las primeras formas en la que los niños pueden expresar su autonomía. Son una expresión de descontento, de frustración, en la que la capacidad de espera es poca y lo que desean lo deben poseer de inmediato. En ocasiones comienzan por imitación al ver a otros niños que manifiestan sus deseos a través de las rabietas.

Para los progenitores o cuidadores suelen ser difíciles de controlar, molestas y hasta vergonzosas cuando ocurren en un lugar público, provocando que los padres se sientan juzgados u observados, e incluso pueden llegar a sentirse malos padres al no poder calmar a su pequeño.

Para poder controlarlas es necesario mantener primero la calma, poner un límite firme pero afectuoso. Los niños necesitan de un adulto que los pueda contener, pero no suele ser fácil, así que si se sale de control será necesario recurrir a diversas estrategias que van desde dejar al niño solo hasta que termine de hacer su rabieta, hasta optar por la contención física para prevenir que se haga daño, pero también para que se calme, se sienta protegido y comprendido. Será indispensable intentar poner palabras a lo que sucede y evitar generar más agresividad.

Debemos proporcionar a los hijos un terreno seguro en el que, aunque se enfrenten a sus sentimientos e impulsos más desenfrenados y escandalosos, sepan que siempre habrá alguien que logrará detenerlos si van demasiado lejos.

Para que los berrinches no sean una manera recurrente para un niño de pedir las cosas, es importante que desde muy temprana edad los padres puedan establecer límites claros y apropiados, y así los niños acepten que no siempre pueden tener todo lo que quieran y en el momento que lo desean. De lo contrario, si cada vez que un niño hace una pataleta se le concede lo que pide, lo único que se conseguirá será un menor que ante la negativa a sus deseos recurrirá a esta forma tan explosiva de exigirlos. Aunque resulte complicado, si uno cede ante esta demanda, las consecuencias posteriores serán peores.

Cuando pasa el momento de crisis en el que un niño tiene una rabieta o un enfado muy importante y todo vuelve a la normalidad, suelen sentirse mal y culpables de haber perdido el control y de haber dañado a sus seres queridos, por lo que es positivo que los padres recuerden a sus hijos que los quieren, que tengan una muestra de cariño y que sepan que los estiman a pesar de todo, pero que no por eso van a satisfacer todos sus deseos o caprichos.

Cuando un niño se enfada, ser empático con él y entender sus necesidades será de gran ayuda, quizá en realidad se ha enfadado tanto porque está sobrecansado o porque le ha pasado algo que realmente lo ha frustrado o bien porque tiene unos celos incontrolables hacia su hermano. Y será imprescindible ponerle palabras a lo que le está sucediendo, como por ejemplo: «Entiendo que estás muy cansado y tienes mucho sueño y es por eso que ya no has podido controlarte» o «Me imagino que te has puesto así porque no te gusta que papá y mamá también estén pendientes de tu hermano».

Si las rabietas continúan con el paso del tiempo, se vuelven recurrentes e incontrolables, será conveniente pedir ayuda de un profesional.

35 / 100

CÓMO MANEJAR LA CULPA EN LOS PADRES

Los padres suelen estar cansados de todo el día de trabajo y esto conlleva una menor tolerancia. A todos les gustaría llegar a casa y que todo fluyera, que los niños hicieran caso a la primera que se les pide algo, y poder tirarse en el sofá y descansar. Pero desafortunadamente esto no suele suceder, sino todo lo contrario, y quizá es la escasa paciencia y el cansancio los causantes que los límites sean más difíciles de establecer y cumplir. Por tanto, aunque impere el cansancio, vale la pena intentar siempre interesarse por los niños y sus actividades diarias. Seguramente que, si se está en casa con una sonrisa y se realiza un esfuerzo, todo irá mejor.

Cuando la madre tiene que volver al trabajo después de la baja de maternidad y tiene que dejar al hijo, ya sea en la guardería, en el parvulario, en casa con un canguro o con algún familiar, es normal que lo haga sintiendo cierto grado de culpabilidad. Estos sentimientos de culpa pueden ser muy distintos dependiendo del motivo por el cual la madre deba volver al trabajo: no será igual si vuelve porque está obligada y porque tiene la necesidad, que si es por elección propia y desea continuar con su carrera profesional y hasta pasar un poco de tiempo lejos de su hijo.

Lidiar con estos sentimientos de culpa, también dependerá del apoyo que reciba del otro progenitor, de los familiares, amigos, colegas del trabajo y hasta de la persona que se hará cargo del menor. Todas estas personas ayudarán a poder tranquilizarla, haciéndola sentir que sigue siendo buena madre y que su hijo estará bien.

La culpa también puede aparecer cuando surge un problema en el hijo, y los padres no dejan de preguntarse si han sido ellos los culpables de lo sucedido. Surgirán muchas preguntas y reflexiones en las mentes de los padres y quizá en algunos casos sí hubo algún fallo y en muchos otros posiblemente los padres no hayan tenido nada que ver.

Es normal equivocarse en la vida y en la difícil tarea de ser padres. Al final, somos todos humanos. Hay ocasiones en las que se pierde la paciencia y se le puede gritar a un hijo o incluso hasta pegar. Los padres tienen derecho a estar cansados, intolerantes, tristes y enfadados y actuar en consecuencia, pero estos episodios no los convierten en malos padres. Lo mejor es tomar conciencia de lo sucedido y tener el deseo y las ganas de hacerlo mejor y así poder propiciar los cambios.

No hay que dejar que los sentimientos de culpa invadan las mentes y las conductas de los padres, enturbiarían el camino que conduce a mejorar la situación y se corre el riesgo de convertirse en padres inseguros, que dudan de su desempeño paternal y que buscan acciones compensatorias a estos sentimientos como comprarles regalos a sus hijos o consentirles dejándoles hacer lo que desean, olvidándose de la importancia de los límites y las rutinas.

36 / 100

EDUCACIÓN EN POSITIVO

Hoy en día se sabe, se lee, se escucha, que la educación que los padres ofrecen a sus hijos debe ser positiva y no a base de amenazas y de castigos, pero los que se enfrentan a esta apasionante pero, a su vez, muy compleja labor saben que resulta más fácil en la teoría que en la práctica. Sin embargo, merece la pena hacer el esfuerzo y educar a los hijos con amor, respeto, afecto, cariño, reconocimiento, comprensión y aceptación, siendo coherentes, competentes a la hora de ejercer la autoridad e invitando siempre al diálogo, la comunicación y la escucha.

Es muy común que los padres y adultos que educan a los niños hagan un uso frecuente de castigos y amenazas que luego no son cumplidas, por lo que los niños entienden que estas están vacías y no tienen consecuencias y dejan de darles la importancia que merecen.

Los padres son libres de decidir cómo quieren educar a sus hijos. Si deciden que los castigos son la mejor forma de hacerlo, han de tener en cuenta que el castigo debe enseñar algo y que para que funcione el niño tiene que tener claro por qué se le ha castigado y qué es lo que ha hecho mal. A su vez, para que sea efectivo tiene que ser lo más inmediato posible. No sirve de nada si uno quiere poner una represalia por algo que considera necesario si la consecuencia será impuesta dos semanas después, ya que perderá su valor: el niño no logrará entender por qué se le está castigando y no tendrá ningún efecto. Asimismo, el castigo debe ser proporcional al acto, nunca debe humillar ni ridiculizar a un menor.

Otra manera de educar en positivo y sin violencia puede ser a través de un *tiempo fuera*, invitando a los niños a pensar y reflexionar en su habitación por algo incorrecto que hayan hecho, en lugar de frustrarlos y castigarlos, evitando que posteriormente estén enfadados, ansiosos y negativos.

En los momentos en que los padres pueden sentirse desbordados, hartos, fastidiados e impacientes es prudente que puedan preguntarse si todo tiene que ver con los hijos o si ellos se encuentran cansados, agobiados por el trabajo, enfadados, tristes o inquietos por alguna razón. Aprender a conocernos mejor como personas e identificar lo que sentimos nos ayudará a educar mejor a los menores y a discernir si lo que pasa en el seno familiar es mío o del otro.

Cuando se educa a un niño siendo positivo, se podrá aprovechar y transmitir valores que contribuirán al desarrollo personal de los menores. Evidentemente no todo es color de rosa, y ejercer la autoridad será necesario para poder marcar los límites, que son tan importantes para la educación y el desarrollo integral y personal de un niño. Lo ideal sería encontrar un equilibrio entre libertad y autoridad.

Para poder cumplir con lo mencionado en este capítulo, será fundamental practicar dos aspectos muy importantes: la paciencia y la constancia, y tener presente que la educación es uno de los grandes legados que podemos sembrar y dejar en los niños y que los acompañará a lo largo de su vida.

37 / 100

AYUDAR A TOLERAR LAS FRUSTRACIONES

Vivimos en un mundo lleno de frustraciones a las que nos tenemos que enfrentar día a día y resolverlas de la mejor manera posible. Frustrarnos nos ayuda a aprender que no se puede tener todo en el momento en que lo deseamos, a tener capacidad de espera y a ser tolerantes.

Cada vez es más común ver a niños que se frustran rápidamente y por cualquier asunto, que carecen de paciencia y que si no obtienen lo que desean inmediatamente se enfadan, se frustran, gritan, hacen pataletas o no saben cómo gestionar lo que sienten. Gran parte de este fenómeno está relacionado con el mundo en el que vivimos, de inmediatez, en el cual todo se consigue rápidamente, y que nos ha llevado a reducir nuestro tiempo y capacidad de espera. Es importante que ayudemos a los niños a gestionar estas frustraciones, evitando resolver el asunto de cualquier manera para así contribuir a aumentar su tolerancia a la frustración.

En algunas familias en las que se desea tener al hijo perfecto desde que nace y se le prepara desde edades tempranas para sus logros adultos, los padres tratan de hacer todo correcto, están encima de sus hijos, dirigen sus vidas y los presionan para que se esfuercen y sean los mejores; pero a su vez les acomodan su entorno, ahuyentando los obstáculos del camino. Es como una mezcla entre una fuerte presión hacia los hijos, combinada con una exagerada intervención por parte de los padres, que tiene como consecuencia un terror al fracaso y la imposibilidad de cometer errores, aprender de ellos y ser felices.

Para poder aprender a tolerar las frustraciones y desarrollar esta capacidad, primero es necesario frustrarse. Por lo tanto, debemos ayudar a los menores desde pequeños a que entiendan que la vida está llena de dificultades y que las cosas no siempre son como uno quiere.

La baja tolerancia a la frustración no debe servir para justificar las actitudes de los niños y, por ende, resolverles la vida, sino para intentar buscar soluciones a esta problemática.

38 / 100

MÁS ALLÁ DE LAS NECESIDADES BÁSICAS

Todo ser humano para poder subsistir necesita tener satisfechas sus necesidades básicas, entre las que se encuentran la salud, el alimento, la bebida, el sueño y el abrigo. Sin embargo, estas no serán suficientes para que un niño se desarrolle óptimamente, también deberá tener cubiertas otras necesidades. Tener una casa, recibir educación y poder ir a la escuela, contar con cierto sustento económico, obtener amor, atención, higiene, cuidados y cariños por parte de las personas que están a su cargo, ayudarán a los niños a transitar su infancia y a enfrentarse a la vida de mejor manera.

Para que un bebé se pueda constituir como un sujeto psíquico será necesario que reciba por parte de sus adultos de referencia baños de mimos y amor, cuidados, seguridad, sostén y estabilidad emocional, debe poder sentir que lo es todo para ellos y que está cuidado y protegido.

Una educación basada en buenos valores es primordial para un buen desarrollo emocional.

Si los adultos brindan las herramientas necesarias a los niños para que aprendan a socializar, les será más fácil tener amigos, socializar e integrarse y adaptarse a la sociedad en la que viven.

Un hogar no debe ser nada más un sitio para satisfacer las necesidades básicas de los miembros que ahí habitan, el techo bajo el cual vive una familia no solamente debe aportar alimento y descanso, sino que debe permitir que ahí se desarrolle una convivencia real, de la cual se pueda aprender, enriquecerse el uno al otro, vivir en armonía y bienestar y que propicie la felicidad de cada uno.

Proporcionando a los niños elementos más allá de las necesidades básicas, los adultos los estarán acompañando en el desarrollo de su autonomía e independencia.

39 / 100

DISFRUTAR DEL TIEMPO EN FAMILIA

No solamente los niños deben aprovechar del tiempo que pasan en familia sino también los padres. La crianza no es fácil, pero es importante poder disfrutarla. Es normal sentir cansancio y tener que luchar cada día para que los hijos hagan una cosa o dejen de hacer otra, como lo es también que cada uno de los padres necesite momentos a solas. El tiempo pasa muy rápido, los niños enseguida crecen, así que lo mejor es poder disfrutar de la familia y preservar el goce de la paternidad.

Si la familia se reúne en casa haciendo cada quien lo suyo y sin espacio para conversar sobre las actividades cotidianas, conflictos o cosas agradables, se estarán perdiendo el conocerse los unos a los otros y el poder descubrir qué es lo que piensan y sienten cada uno. La cena en familia puede ser un buen momento para interactuar.

La vida en familia se ha convertido en una serie de obligaciones, quedando poco espacio para el disfrute. Frecuentemente se utiliza la frase *tengo que* en lugar de *quiero hacer*, perdiéndose la posibilidad de disfrutar más de algunas actividades rutinarias o no rutinarias de la vida familiar. Si se intenta cambiar la forma en la que se miran o se perciben algunas obligaciones como padres y se realiza un esfuerzo por convertirlas en placeres, probablemente todos estarán más relajados, menos estresados y se podrá gozar un poco más. Es verdad que algunas obligaciones continuarán siendo obligaciones, pero si se pueden vivir con un poco más de alegría se disfrutará más esta tarea de ser padres y se verá reflejado en los hijos.

Cada cierto tiempo se puede realizar en familia un viaje, una salida o alguna actividad que pueda romper con la rutina, en la que pueda haber una grata convivencia entre los miembros de la familia y en la que principalmente se trate de pasarla bien. A pesar de que estos momentos de disfrutar en familia no sean cuantiosos, por la realidad en la que vivimos, saturada de actividades, debemos saber disfrutar de este tiempo, y, aunque sea escaso, que sea de calidad.

Permitirse tener cierto tiempo de ocio en el que los padres e hijos puedan hacer lo que les plazca, sin compromisos ni responsabilidades, también es necesario. No es un error o una imprudencia.

Si los padres están contentos, tranquilos y relajados, lo más seguro es que puedan transmitir esta sensación de bienestar a sus hijos.

40 / 100

REDES FAMILIARES

Cuando una pareja decide expandirse y tener hijos, el tener una red familiar, contar con el apoyo de sus padres y familiares cercanos que puedan acompañarles, aconsejarles y brindarles la ayuda para resolver los problemas a los que van a enfrentarse y que hasta ahora les resultan desconocidos, suele ser muy conveniente.

Si los progenitores tienen la suerte de contar con sus propios padres, hermanos o familiares para que los acompañen en la crianza de sus hijos, se podrán sentir acompañados y gratamente beneficiados. A su vez, para los niños, poder crecer cerca de sus abuelos y tíos, poder jugar con sus primos y tener la fortuna de tener una relación familiar más allá de su familia nuclear, les alegrará, beneficiará y les acompañará en su desarrollo.

Existen todo tipo de redes familiares que se comportan de maneras distintas. Las redes familiares deben servir para ayudar, acompañar, aconsejar y apoyar a las familias que las componen. Evidentemente, existen los casos en los que no son las más adecuadas y que hasta podrían tener efectos adversos que perjudiquen a los niños o a sus padres.

Hoy en día, en que las madres y los padres suelen tener muchas obligaciones fuera de la familia, contar con estas redes familiares de apoyo facilitará que puedan realizarlas y que puedan dejar a sus descendientes en un sitio de confianza, como puede ser la casa de los abuelos, o a cargo de personas fiables como pueden ser los hermanos de los padres, es decir, los tíos de los críos.

Cuando uno tiene un hijo cambia toda la dinámica: la pareja se convierte en padres, los padres además de ser hijos ya son padres, los hermanos de los padres se convierten en tíos, los padres en abuelos, los abuelos en bisabuelos, los sobrinos en primos... y cada uno de ellos debe ajustarse a su nueva condición y desarrollar su rol de la mejor manera posible.

41 / 100

LOS ABUELOS

Los abuelos por lo general ocupan un sitio destacado en la vida de los niños e influyen en su desarrollo y crecimiento emocional y personal, no solo por lo que dicen y hacen, sino que de modo directo suelen velar de sus nietos mediante cuidados, juegos y participando en su educación.

Los abuelos ya han tenido la experiencia de ser padres y de criar a sus hijos, y cuentan con muchas vivencias y experiencias que pueden favorecer que el niño se instale mejor en el mundo. Pero es importante que esto se haga con respeto y desde su posición de abuelos.

Son una pieza esencial en la cadena de la transmisión cultural y es un lujo que puedan transmitir sus historias y su cultura a los nietos. Si los abuelos no están, esta función la pueden realizar otras personas mayores.

Ser abuelo es un nuevo rol que aparece cuando los hijos tienen hijos, y el lugar que ocupará esta función en su vida dependerá de muchos factores. También se movilizarán distintos aspectos relacionados con la aceptación de la edad, el salto generacional y su posición en la familia.

Vivimos en un mundo en el que cada vez más tanto las madres como los padres trabajan más horas y no pueden estar el tiempo que les gustaría con sus hijos, por lo que suelen necesitar más del apoyo de su propios padres. Hay abuelos que están entregados completamente a los nietos, ejerciendo funciones de educadores o de madres sustitutas y sosteniendo a la familia. Hay algunos que lo disfrutan y les da una oportunidad de sentirse útiles y vivir nuevas experiencias, pero hay otros que se sienten obligados a hacerlo, que terminan agotados y que en realidad preferirían utilizar su tiempo libre para estar con sus amigos, salir de excursión o realizar las actividades que cuando trabajaban no podían hacer y que ahora que están jubilados podrían llevar a cabo.

Los padres desean que entre abuelos y nietos exista una buena relación, pero hay ocasiones en que los celos se pueden despertar en los padres, o también desacuerdos en cuanto a las normas y reglas establecidas, ya que suelen permitir a los nietos lo que no permitieron en su momento a sus hijos. Para no tener tantos problemas, lo ideal sería poder llegar a acuerdos entre padres y abuelos y priorizar los aspectos de la educación de los menores que deban respetarse con más cautela. Asimismo, si existe una relación sana entre padres y abuelos, transmitirán a los niños la importancia y el valor que los abuelos tienen para ellos.

La presencia de los abuelos ayuda a que los niños entiendan el paso del tiempo y las diferencias generacionales. Son una figura muy importante en la vida de los niños, establecen complicidad y alianzas con sus nietos y para ambas partes es una experiencia maravillosa.

42 / 100

CONSTRUIR UNA FAMILIA AMPLIA ADOPTIVA

Las migraciones son un fenómeno que ha existido desde hace muchísimos años. El hombre ha tenido la posibilidad de transportarse en barco, en tren, en coche y en avión para viajar alrededor del mundo.

Hoy en día siguen siendo muy frecuentes, y acontecen por diversos motivos: políticos, económicos, de seguridad personal, debido a guerras y conflictos, en búsqueda de mejoras profesionales y personales, para estudiar en otro país y hasta por amor.

En los fenómenos migratorios se ven afectadas las relaciones y dinámicas familiares, como por ejemplo cuando un hijo se separa del seno familiar para mudarse a otro país, o cuando los abuelos y nietos viven en ciudades o países diferentes.

Nunca es sencillo cambiar el lugar de residencia y dejar atrás tu lugar de origen. Mucho menos si uno se muda a un país en el cual se habla otro idioma, y peor si la cultura es demasiado diferente, incluyendo la manera de comportarse o incluso de vestirse; las personas pueden llegar a sentirse muy solas. Es verdad que hoy en día, por suerte, la tecnología ha avanzado a paso veloz y facilita que la comunicación entre los miembros de una familia que se encuentran en diferentes rincones del mundo sea más cercana y efectiva.

En todos estos casos en los que se está lejos de la familia y el país de origen, sin padres, abuelos, hermanos, ni familia cercana, los progenitores pueden sentirse muy solos y desbordados en cuanto a la crianza de sus hijos, por lo que es importante que puedan construir una red social a su alrededor formada por amigos, vecinos, comunidades religiosas, grupos de pertenencia, etcétera, que se puedan convertir en una familia para ellos, brindándose el apoyo, la confianza, la compañía y la ayuda que se necesita para poder pasar los días y los años lejos del país en el cual han nacido y lejos de la familia.

43 / 100

LOS AMIGOS

La capacidad de poder establecer relaciones de amistad con los demás tiene sus orígenes desde muy temprano en el desarrollo de una persona. Las primeras nociones que un pequeño tiene de la amistad las va a adquirir mediante las vivencias de relación que tienen sus padres entre ellos o con ellos, así como la manera de relacionarse con sus hermanos durante los primeros años. A través de estos vínculos, los niños aprenderán cualidades como la negociación, la empatía, el compromiso, la consideración, el trabajo en equipo y las capacidades para perdonar al otro, que son las bases de sus futuras relaciones sociales.

La importancia de tener amigos va siendo correlativa al proceso evolutivo del niño. Al principio los niños se relacionan sobre todo mediante el juego, y aunque al inicio en realidad no jueguen juntos, sino solamente se observen o jueguen uno al lado del otro, la convivencia ayudará a que posteriormente puedan participar en un juego colaborativo. Conforme van creciendo aparecerán otras formas de relacionarse, de comunicarse y los intereses irán cambiando.

Hay niños a los cuales les es fácil establecer relaciones personales, hacen amigos fácilmente y pueden ser parte de un grupo numeroso, en cambio otros preferirán rodearse de unos cuantos amigos, pero también existen los niños que no tienen amigos, no juegan con otros, se aíslan y sus capacidades de socializar son limitadas y, por lo general, tanto ellos como sus padres sufren por este aspecto.

Las amistades son importantes para la mayoría de los seres humanos, hacen que uno se sienta acompañado, comprendido y tomado en cuenta. A su vez son personas con las que podemos llorar, reír, jugar y pasarla bien. Un buen amigo nos puede acompañar a lo largo de la vida.

44 / 100

SABER RELACIONARSE CON EL OTRO

Los seres humanos tenemos que relacionarnos los unos con los otros desde que nacemos hasta que nos morimos. Lo hacemos con la familia, con la pareja, con los amigos, con los maestros, con gente en la calle, en la panadería o en el supermercado... La vida está llena de relaciones que van desde superficiales hasta sumamente profundas.

Cuando nace un bebé, se establece un primer vínculo con sus padres. Es ahí donde tienen su origen las relaciones humanas y servirá de aprendizaje para las relaciones futuras que irán evolucionando y madurando a lo largo del tiempo.

Para que los niños puedan vincularse y respetar a los otros, tendrán que aprender a controlar los sentimientos de competencia, rivalidad, propiedad y envidia que pueden despertar las relaciones con otros niños.

A través de las relaciones y de ir conociendo más profundamente cómo funcionan los otros, los niños conocerán mejor cómo es su mundo externo, qué es lo que van sintiendo y cuáles son las emociones que se despiertan en ellos en cada una de las relaciones que van estableciendo. Incluso hasta en el juego o en el momento de hacer amigos, los niños entienden no solo cómo se ha de jugar o de qué va el juego, sino que aprenden a intercambiar y compartir experiencias, siendo todo esto las bases de la convivencia y de las relaciones interpersonales.

Los niños que presentan importantes dificultades en el manejo y control de sus emociones pueden llegar a tener problemas para relacionarse con los demás y complicaciones para tener amigos. Podrán ser rechazados por sus compañeros de clase y hasta por los adultos que los rodean.

45 / 100

PERTENECER A UN GRUPO

Para la mayoría de los seres humanos, el sentimiento de pertenecer a un grupo es muy importante. Esta fórmula se aplica a cualquier edad. Siempre nos gusta sentir que formamos parte de un grupo y que somos tomados en cuenta.

En el caso específico de los niños sucede lo mismo, necesitan sentir que pertenecen, que tienen amigos, que se les invita a las fiestas, que se les busca a la hora del patio. Estos grupos pueden ser conformados por miembros de su misma clase o escuela, pero también pueden ser grupos de sus actividades extraescolares, como los de un equipo de fútbol o cualquier otro deporte o afición.

Según la edad de los niños se relacionarán más o menos con personas de su mismo sexo. Es normal que a los 6 años los niños prefieran jugar con niños y las niñas con las niñas, pero tampoco tenemos que preocuparnos si no acontece de esta manera. Lo importante es que un niño pertenezca a un grupo y que se sienta cómodo y querido.

Como pasa en todos los grupos, cada integrante llevará a cabo su rol y desempeñará su función en el grupo, ocupará un sitio determinado. Sin embargo esto no quiere decir que sea inamovible. Siempre habrá niños que serán los líderes, otros que serán más queridos, los que fungen como chivos expiatorios o alguno al que le cueste adaptarse un poco más que al resto.

Si los niños desde pequeños se han acostumbrado a compartir y a estar con sus hermanos, primos o con otros niños de la guardería, el formar parte de un grupo les será mucho más sencillo.

Es importante que los niños se sientan reconocidos y aceptados por los demás, obviamente por sus padres y hermanos, pero también fuera del ámbito familiar, por sus amigos.

46 / 100

ACOSO ESCOLAR

El acoso escolar o *bullying*, tan común en nuestros tiempos y de gran preocupación para los niños, profesores, escuelas y padres de familia, es un fenómeno que tristemente crece cada vez más y las cifras de menores que sufren por este motivo aumentan año a año.

En la mayoría de los casos el acoso escolar se dirige a niños y niñas que suelen tener la autoestima baja, con caracteres débiles y que se muestran indefensos e inseguros. Por el contrario, generalmente los niños que abusan y acosan a otros niños pueden a su vez estar sufriendo algún tipo de agresión o ser testigos de violencia dentro de su núcleo familiar o entorno social, repitiendo lo que observan y viven.

Los niños que desgraciadamente han sufrido o sufren acoso escolar quedan traumatizados y atemorizados, sus niveles de angustia son muy elevados, les cuesta mucho trabajo establecer nuevas relaciones sociales, mostrándose inseguros, tímidos y retraídos.

El acoso escolar es un reflejo de la sociedad en la que vivimos, cada vez menos tolerante y más agresiva, hostil y egoísta. Los videojuegos cargados de violencia también contribuyen al desarrollo de este fenómeno, así como también los telediarios llenos de noticias de guerra, problemas y caos mundial.

Los padres y educadores deben estar alerta ante los cambios que se pueden producir en los niños. Algunas señales que pueden indicar la presencia de acoso escolar son las siguientes:

– tristeza,
– nerviosismo,
– enfermedades recurrentes,
– presencia de miedos exacerbados,
– rabia,
– ausencia de motivación para asistir al colegio,

– retracción,
– bloqueos en el aprendizaje.

Aunque los menores que están siendo acosados puedan llegar a negar que algo les está ocurriendo, por miedo a ser juzgados o a que los ataques aumenten si los otros se enteran de que los ha acusado, si estas reacciones persisten no se deben pasar por alto.

Si se detecta que en la escuela no todo marcha positivamente, los padres tendrán que estudiar de cerca la actitud que tienen los profesores, los alumnos y demás personal que trabaja en ella, cuál es el ambiente que prima en el centro y qué tipo de población acude.

Para evitar que las cosas se salgan de control es recomendable pedir ayuda a un profesional para que pueda acompañar y ayudar tanto a los niños que sufren al ser acosados, como a los que abusan de sus compañeros, así como a sus familias. En ambos casos, seguramente hay un gran sufrimiento detrás.

47 / 100

EL AMIGO IMAGINARIO

Hay muchos menores que se inventan un amigo imaginario para que los acompañe, juegue con ellos o los ayude a enfrentar sentimientos de soledad. Estos amigos imaginarios pueden ayudar a que los niños transfieran en ellos algunas emociones, sobre todo las que les disgustan.

No es algo problemático ni un signo de patología, cae dentro de los parámetros de lo normal y es frecuente que ocurra en la infancia, desde los 3 hasta los 7 años de edad aproximadamente.

Los padres no deben preocuparse. Al contrario, lo mejor es que actúen con naturalidad y que no lo ignoren ni lo rechacen, pero que tampoco lo fomenten o que permitan que el niño deje de jugar con sus pares por jugar con su amigo imaginario. Solamente deberán preocuparse bajo algunas situaciones excepcionales tales como:

– si el niño crece y sigue hablando con este ser imaginario,

– si se convierte en un impedimento relacional para el menor,

– si, por ejemplo, el amigo imaginario es un superhéroe y el niño corre el riesgo de decidir volar o realizar alguna acción similar.

En realidad, el amigo imaginario, como bien su nombre indica, no existe y los niños saben que es producto de su imaginación, pero igualmente lo tratan como si fuera real, jugando y hablando con él. Puede ocurrir que nadie más que ellos conozca su existencia, dado que prefieren relacionarse con él en privado o cuando nadie los observa.

En ocasiones será el mismo amigo imaginario quien acompañe a un niño durante un período de tiempo y en otras podrá ir cambiando. La duración de estos intervalos no está determinada, sino que aparecen y desaparecen.

No todos los niños tendrán un amigo imaginario. Su existencia no es positiva o negativa, pero quizá serán más frecuentes en los hijos únicos, aunque no exclusivamente.

Probablemente la imaginación y la creatividad de un niño sí tengan influencia sobre la presencia de un amigo imaginario, ya que sus propias fantasías darán origen a este tipo de juegos.

48 / 100

EL DEPORTE

El deporte ayuda a los niños a desarrollarse física y mentalmente, a estar sanos y, a su vez, a relacionarse de forma saludable con otros niños.

Es recomendable que todos los niños realicen algún tipo de deporte o actividad física, no solamente por los beneficios que aporta a la salud, que son muchos e importantes, sino porque ayudan en otros aspectos del desarrollo emocional en la infancia.

No es trascendente si un niño es el mejor en el deporte que practica o si no es la estrella del equipo, lo importante es que lo pueda disfrutar. Por eso, se recomienda que sea el propio niño quien pueda elegir el deporte que desea practicar, el que más le agrade y el que se adapte mejor a sus preferencias y habilidades.

El deporte también hace que se remuevan muchas emociones, como son la rabia, la tristeza y la frustración, pero también la alegría, el orgullo y la satisfacción. Todas ellas participan en la construcción de la fortaleza interna de cada niño y le ayudarán a resolver problemas y a desenvolverse mejor en el ámbito social.

Practicar algún deporte tendrá múltiples beneficios en los menores, entre los que se encuentran desarrollar el placer por el movimiento, estimular la salud y la higiene, ayudar a superar la timidez, enseñarles a frenar sus impulsos excesivos, inculcarles responsabilidades y, si es un deporte en equipo, les enseñará a ser más colaboradores y menos individualistas.

Ya que el deporte es salud, ayudemos a los niños a realizar actividad física y a pasar menos horas delante del televisor, los videojuegos, el ordenador, los teléfonos y demás dispositivos electrónicos.

49 / 100

COMER SANO

Desde que un niño comienza a ingerir alimentos distintos a la leche, se están construyendo ya las bases para una alimentación sana en el futuro.

Una alimentación saludable es la que va a garantizar un desarrollo y un crecimiento normales, y también promoverá hábitos alimentarios que benefician la salud y previenen enfermedades.

El tema de la alimentación, en ocasiones, puede ser conflictivo en el entorno familiar, llevando a los padres a situaciones extremas de desesperación y frustración, mediante regaños, amenazas, gritos, castigos y largas horas sentados a la mesa esperando a que el niño termine su comida. Habrá que evaluar si el niño en verdad no quiere comer o simplemente lo que quiere es llamar la atención de sus padres o cuidadores.

No es aconsejable utilizar tácticas de premios y castigos alrededor de la comida: los niños son buenos aprendices y podrían aprovecharlos para chantajear a los padres. Tampoco se debe premiar con caramelos, chocolates ni con ningún tipo de postres.

Sentarse a la mesa a comer debería tener la connotación de tranquilidad, relajación y tiempo de compartir en familia, no la de tensión y peleas. Así que si un niño no quiere terminar la comida de su plato, si después de intentar animarlo, no se consigue el cometido y si ha transcurrido ya mucho tiempo, se puede retirar el plato con tranquilidad, recordándole que podrá comer hasta la siguiente comida. Establecer rutinas en casa en las que se coma o cene a la misma hora ayudará. Es importante revisar también las porciones que se le sirven al niño, ya que no puede comer la misma cantidad que un adulto.

Mirar la televisión durante la comida suele ser un gran distractor y disparador de discusiones, sobre todo cuando los niños ya comen solos. Por un lado, impide que se desarrolle ese momento de disfrute entre los miembros de la familia y, por el otro, los niños se distraen, comen más lento, se les cae la comida y todo esto trae como consecuencia batallas paternofiliales que llevarán a los padres a repetir frases como estas: «Come más rápido», «Te has tirado la sopa por encima», «Concéntrate en la comida, no te quedes embobado mirando la televisión», entre otras.

Se entiende que cocinar comida sana quizá lleve un poco más de tiempo que preparar algo sencillo o alimentos que venden ya precocinados, pero merece la pena hacer el esfuerzo para fomentar estos hábitos en los niños y, ¿por qué no?, para que toda la familia coma sanamente.

La alimentación sana es un hábito que debemos fomentar desde edades tempranas. Acostumbrarlos desde pequeños a los sabores de los alimentos y a que puedan manipularlos con las manos, ayudará. No hay que pretender que el paso de una papilla, en la que hay una mezcla de muchas verduras con alguna proteína, a comer cada alimento por separado resulte algo sencillo.

La alimentación de un niño debe cubrir sus necesidades y ser saludable y equilibrada en nutrientes.

Los padres son el ejemplo de que los niños tienen de una buena alimentación, por lo que los menores aprenderán más viendo a sus padres comiendo sano, con buenos modales y disfrutando de la comida, que a través de exigencias, premios o castigos.

50 / 100

EL SUEÑO

Los niños duermen más horas cuanto más pequeños son. Sin embargo, cada niño es distinto y existirán variaciones respecto a las horas que duerme cada uno.

Los menores necesitan de un buen descanso y hay que ayudarlos desde pequeños a tener buenos hábitos de sueño, ya que si no duermen el tiempo que necesitan estarán sensibles, intolerantes, de mal humor e irascibles, y también el rendimiento escolar se podrá ver afectado.

Los trastornos del sueño que puede desarrollar un niño pueden ser dificultades para conciliar el sueño, despertarse mientras duermen o imposibilidad de dormir las horas suficientes. Para evitar estos problemas, los adultos deben ayudarlos desde pequeños a establecer rutinas y hábitos del sueño correctos. No es una labor sencilla, ya que los orígenes y las razones de estos trastornos son múltiples y diversos.

Los niños, desde el comienzo de su vida, van acumulando vivencias de origen físico y psíquico que se guardan en su mente como un depósito de fantasías, sentimientos y emociones. Durante el sueño, estas experiencias se van elaborando y las nuevas vivencias del día se van incorporando, pero en ocasiones pueden ser inquietantes, provocando pesadillas y terrores nocturnos que hacen que los niños se despierten angustiados y alterados. Los padres suelen sentirse preocupados al ver a sus hijos levantarse con estas inquietudes y les es difícil comprender lo que les pasa. Se recomienda mantener la calma; si los padres comprenden que el niño experimenta su realidad íntima en los sueños, que su mente está en desarrollo y que a veces les cuesta diferenciar la realidad de la fantasía, ayudarán a los niños a poder superar sus inquietudes nocturnas. Estas angustias pueden ser difíciles de contener por los propios niños y es por eso que necesitan a sus padres para que los calmen. Si un niño tiene miedo y se despierta varias veces por las noches, es aconsejable dejar encendida una pequeña luz, para que no se encuentre a solas entre tanta oscuridad.

A los niños les gusta mucho dormirse en la cama de los padres, ya sea conciliar el sueño ahí o pasarse a ella a mitad de la noche, poniendo en práctica toda clase de estrategias para lograrlo. Sin embargo, es recomendable que puedan dormir en su propia habitación. Se entiende que los padres están cansados y que sea pesado levantarse a mitad de la noche para llevar a los hijos de vuelta a su cama, pero al final será mejor para todos si los niños logran aceptar que esa es la habitación de los padres y que él tiene la suya, y que sus progenitores también tienen vida más allá de ellos.

Los rituales y rutinas para ir a dormir, que pueden incluir el baño, ponerse la pijama, lavarse los dientes, contar un cuento o una historia y hablar cada vez en voz más baja y con menos luz, son una buena herramienta para que los niños entiendan que ha llegado la hora de irse a la cama y de ponerse a dormir. Es mejor hacerlo siempre a la misma hora, que el niño pequeño aprenda a dormir en su cuna y no en brazos y, si es más grande, acostarlo en la cama cuando está aún despierto y no cuando se ha dormido en el sofá viendo la televisión.

Si los padres logran acostar a los hijos lo más temprano posible, podrán disfrutar de un tiempo a solas y fomentar el vínculo entre la pareja, potenciando así su salud emocional.

51 / 100

¿QUÉ SON LAS EMOCIONES?

Una emoción es un cambio interno, transitorio y que aparece en respuesta a los estímulos ambientales. A nivel molecular, los órganos del cuerpo involucrados en el sistema inmunológico y el sistema neuroendocrino serán los encargados de enviar señales al cerebro, donde confluirá toda esta información.

Las emociones básicas humanas son la alegría, la tristeza, la rabia y el miedo, y nos acompañan desde el nacimiento. También se puede agregar a esta lista emociones como el amor, la sorpresa, la aversión y la vergüenza como parte de las emociones primordiales en los seres humanos.

Desde los 2 meses de edad, cuando aparece la sonrisa intencionada, el bebé se encuentra óptimamente preparado para ir ampliando sus vínculos. Todo lo que ocurre a su alrededor como voces, aromas, gestos, miradas y actos cotidianos van a quedar inscritos en su memoria emocional.

Desde las experiencias primarias del vínculo, el ser humano va escribiendo un guion emocional en el que cobran abundante importancia padres y familiares, el entorno escolar y los amigos, entre otros.

El niño llega al mundo programado para la felicidad, pero será la huella del ambiente, especialmente durante los primeros años, quien selle su destino, cubriéndolo de fortaleza o vulnerabilidad para afrontar la vida y los desafíos de esta, para poder responder a los estímulos con emociones e irse desarrollando a partir de las interacciones con otros. Alrededor del mundo de las emociones se construye un complejo mundo psíquico que se va a expresar en conductas.

Las emociones provienen de experiencias y de la historia personal, e influyen también las creencias y los valores heredados, así como el carácter y el temperamento.

Las emociones no tienen un valor ético. Todos, en algún momento, sentimos todas las emociones y sentimientos. No las hay malas ni las hay buenas. Lo importante es qué hacemos con ellas y cómo actuamos.

Nunca debemos olvidar que cada persona manifiesta y siente las emociones a su manera.

52 / 100

¿QUÉ ES LA INTELIGENCIA EMOCIONAL?

La inteligencia emocional es la habilidad para tomar conciencia de las propias emociones y la capacidad que tenemos para regularlas. Sirve también para poder comprender lo que sienten los demás de manera empática y ayuda a tolerar frustraciones y presiones de la vida cotidiana, contribuyendo en el desarrollo de las habilidades sociales.

El término *inteligencia emocional* fue utilizado por primera vez en 1990 por los psicólogos Peter Salovey, de la Universidad Harvard, y John Mayer, de la Universidad de New Hampshire. Publicaron el artículo «Emotional Intelligence», y a no ser porque Daniel Goleman, en 1995, escribió el libro *Inteligencia emocional* este artículo hubiera quedado olvidado.

El libro de Goleman fue un *best seller* mundial y en un año fue traducido a 60 idiomas. Se dice que es el libro más vendido en el mundo. En el libro, el autor se pregunta: ¿por qué la mayoría de las personas adultas del mundo occidental o somos muy racionales o somos muy emocionales? Según él tenemos dos inteligencias, en diferentes partes del cerebro:

– una inteligencia que piensa (computacional o racional),

– y una inteligencia que siente (emocional, que nos permite sentir).

Las dos juntas nos ayudan en

– el control de impulsos,

– la motivación,

– la perseverancia,

– la empatía,

– la autoconciencia

– y en las habilidades en las inteligencias intrapersonal e interpersonal.

Cuando hay falta de inteligencia emocional en las personas, las características que presentan pueden ser las siguientes:

- inseguridad,
- agresión
- depresión,
- trastornos de la alimentación
- y delincuencia.

Cada individuo podrá ser más o menos inteligente emocionalmente, pero si desde pequeños entrenamos a los niños en esta habilidad, les estaremos brindando las herramientas para afrontarse a los avatares de la vida de mejor manera.

53 / 100

¿QUÉ ES LA EDUCACIÓN EMOCIONAL?

Durante el siglo XX la educación estuvo más centrada en el conocimiento y menos en las emociones. A su vez, se intentaba a través de la disciplina poder dominar las emociones. Ahora las cosas han ido cambiado: la educación emocional se aplica a todos por igual y tanto en la escuela como en casa se realiza un trabajo en torno a las emociones. Incluso investigadores y neurocientíficos hablan a todos los ciudadanos sobre salud y emociones.

La educación emocional es la aplicación de la inteligencia emocional en la educación. Es un concepto más amplio y nos sirve de estrategia para poder desarrollar las competencias emocionales, como la conciencia emocional, que consiste en conocer las propias emociones y las de los demás; o la regulación de las emociones, que tiene que ver con dar respuestas apropiadas a las emociones que vivimos.

Debe empezar desde el nacimiento y es un proceso educativo, continuo y permanente, que tiene como finalidad aumentar el bienestar personal y social.

¿Cuáles son los objetivos de la educación emocional?:

- conocer el nombre de las emociones y sentimientos,
- enriquecer el vocabulario emocional,
- reconocer la emoción en el momento en que se siente,
- mejorar el conocimiento de las propias emociones,
- aprender a expresar las emociones de manera asertiva, con la persona, el momento, la voz, la postura corporal y el lugar correcto,
- reconocer las reacciones que tiene el cuerpo ante diferentes emociones,
- evaluar la intensidad de las emociones,
- aprender a autorregular las emociones (equilibrio entre impulsividad y represión),

– aprender a dominar los impulsos,
– leer las emociones en los demás,
– aprender a ser empáticos,
– conocer la diferencia entre sentir y actuar,
– conocer el disparador de las emociones (propios y ajenos),
– desarrollar habilidades para generar emociones positivas
– y sentir inteligentemente y pensar emocionalmente.

54 / 100

LOS ADULTOS Y LA EDUCACIÓN EMOCIONAL

Los padres, hermanos mayores, abuelos, familiares cercanos, educadores, profesores de actividades extraescolares y cuidadores son los maestros en la educación de las emociones. Para que puedan llevar esta tarea con éxito, sería ideal que pudieran cumplir con la mayor parte de este listado:

– Tener un conocimiento intuitivo o informado sobre la edad que atraviesa el niño, de sus características psicológicas y de cuáles son las tareas que puede cumplir.

– Presencia de un razonable equilibrio psicológico (ausencia de psicopatología).

– Habilidad para afrontar adecuadamente los conflictos.

– Estilos de administración de la autoridad y el poder adecuados.

– Comunicación afectiva y efectiva.

– Propiciar un ambiente emocionalmente seguro en el que el niño pueda sentirse incondicionalmente aceptado, ser estimado de forma explícita, ser respetado de manera ilimitada, recibir cotidianamente reconocimiento y valoración, ser protegido y amparado en toda circunstancia y ser escuchado y confortado en situaciones emocionalmente difíciles.

Estos ambientes emocionalmente seguros constituyen la base del equilibrio emocional, así como la fuerza que ayuda a generar la creatividad y el intelecto en el ser humano. En cambio, el niño que crece en ambientes emocionalmente inseguros, amenazadores o negligentes experimentará una ansiedad constante y perturbadora.

Los adultos deben ser capaces de escuchar a los niños con el corazón, de manera activa, interesada y respetuosa, entendiendo y capturando toda la información verbal y no verbal que el niño transmite, asegurándose de haberla comprendido correctamente. Han de respetar sus conflictos, dudas, temores, incertidumbres y emociones, incluidas las que se consideran negativas como rabia, miedo o decepción. Lo más nocivo para la autoestima del niño es minimizar estos problemas, burlarse de ellos, mostrarse indiferente, descalificarlos o ignorarlos.

Esta habilidad de educación emocional adquiere un carácter de urgencia cuando los niños atraviesan momentos particularmente difíciles: miedos, amenazas, pérdidas, situaciones de conflicto, de incertidumbre, inseguridad, confusión o dolor.

Educar en las emociones es una tarea que exige disposición, vocación y compromiso. Lo más recomendable es que el adulto se encuentre sereno, bien dispuesto, motivado y en una armonía emocional para conseguir esta tarea.

Hemos de ser conscientes de que en la mayoría de los casos lo mencionado en párrafos anteriores puede resultar una utopía, ya que cada vez vemos más adultos con estados de estrés crónicos que generan en ellos emociones negativas expresadas en conductas que van a impedir o dañar su tarea de educar niños. Por eso es importante que el adulto tenga conciencia de su situación emocional y que realice un trabajo de autoconocimiento que le permita mantener estas emociones y sentimientos al margen cuando interactúe con niños que debe ayudar. El cerebro del niño tiene la capacidad para leer las emociones negativas.

55 / 100

LOS MIEDOS EN LOS NIÑOS

El miedo es un fenómeno psicológico que está considerado dentro de los límites de lo normal y que comparte algunas manifestaciones similares a la ansiedad. Es algo primario y aparece desde el comienzo de la vida —la llegada al mundo— cuando pasamos de un estado de confort y placer a un medio incierto y desconocido. Todos los seres humanos, desde los pequeños hasta los mayores, tenemos miedos que van evolucionando a lo largo de la vida y que forman parte de la naturaleza humana.

Se le puede tener miedo a algo o a alguien, a cierta situación o a un momento de vida, y variar desde lo más simple hasta lo más complejo, desde lo racional hasta lo irracional, cambiando y moldeándose a medida que se madura y se van teniendo experiencias de vida.

Cuando pensamos en los miedos de los niños, nos parece que son más sencillos de clasificar e identificar, ya que los suelen expresar de una forma más directa. Algunos tienen su base en la imaginación y la fantasía, otros acarician más la realidad y tienen como base las vivencias, y otros provienen de deseos agresivos de los propios niños transformados en miedos. A modo de ejemplo de estos últimos:

1) Un niño que siente celos por su nuevo hermanito podrá desear en su mente la muerte de este, transformando este deseo en un miedo real a que se muera el hermano.

2) Una niña que siente rabia y desea dañar a un ser querido puede comenzar a tener miedo de que ese ser se enfade y pueda atacarla. Ella podrá poner ese miedo en algo externo como los dientes de un animal que puede morderla.

Las diferencias individuales de cada niño como son el temperamento, el carácter, las experiencias vividas, el entorno familiar y cultural, juegan un papel relevante en la expresión del miedo y pueden expresarse de diversas maneras: pesadillas, retraimiento, pataletas, enuresis...

Entre los principales miedos en los niños se encuentran el miedo a los monstruos, a la oscuridad, a quedarse solos, a separarse de sus padres, a las brujas, al lobo, al coco, a algún animal, a personajes ficticios...

Los miedos en los niños son normales y no debemos preocuparnos, siempre y cuando no afecten el desarrollo normal del niño.

Para los adultos, los miedos de los niños pueden parecer absurdos y sin sentido, y a los padres les cuesta recordar cuando ellos tenían esa edad y esos temores. Pero los niños los viven con intensidad y son parte de su realidad.

De los 0 a los 6 meses de edad los miedos más comunes son a los ruidos fuertes y a perder el apoyo. De los 7 a los 12 meses los niños suelen tener miedo a los extraños, a los objetos que pueden ser amenazantes y a los estímulos repentinos.

Los niños que cursan su primer año de vida suelen tener miedo al baño, a los extraños y a separarse de sus padres.

Entre los 2 y los 5 años los miedos más recurrentes son a algunos animales, a ruidos fuertes, a cambiar de ambiente, a habitaciones oscuras, a separarse de los padres, a insectos, a monstruos, a brujas y a objetos muy grandes.

Cuando cumplen los 6 años y hasta que tienen 8, se preservan algunos de estos miedos y aparecen unos nuevos, como el de estar solos, de tener heridas en el cuerpo, de hechos sobrenaturales, de los robos y asaltos, de gente mala, de enfermedades y accidentes.

Ya entre los 9 y los 12, los miedos evolucionan hacia lo escolar, como a los exámenes y al rendimiento académico. También puede haber miedos hacia la apariencia física, a las relaciones interpersonales y a la muerte.

56 / 100

MIEDO AL RECHAZO

Los niños pueden sentir rechazo por parte de sus compañeros de aula, por alguno de sus amigos, por los miembros de su actividad extraescolar, por sus maestros y hasta por sus hermanos, padres o familiares cercanos.

Estos niños que viven situaciones de rechazo se sienten desvalorizados, inferiores y tristes, teniendo como consecuencia posibles depresiones y aislamiento.

Algunos niños que no cuentan con las suficientes habilidades sociales para relacionarse con sus pares hacen todo lo posible con tal de agradarlos. Esta actitud en ocasiones resulta contraproducente, ya que son capaces de realizar cualquier acción con tal de ser aceptados, sacrificando sus necesidades y deseos y llegando incluso a ridiculizarse a sí mismos o a dañar a alguien más.

También puede ocurrir todo lo contrario, es decir, que estos niños se aíslen, evitando exponerse a situaciones en las que sientan que pueden ser observados y evaluados.

Sin duda, cualquiera de los dos caminos en los que un niño con estas características se posicione, su mayor temor será decir o hacer algo que no sea aceptado por las personas que lo rodean. A nivel familiar, el miedo más grande que viven estos niños es que sus padres los dejen de querer.

Al fomentar la resiliencia en los niños, ayudaremos a que, cuando se sientan rechazados, puedan seguir adelante y no dejar que su autoestima se vea comprometida.

Las vivencias de rechazo de un ser humano dejarán huella y serán un elemento más en la construcción de su personalidad y en la manera en la que se relacionará con el mundo que lo rodea.

57 / 100

MIEDO A LA MUERTE

Abordar el tema de la muerte con los niños suele ser difícil y complicado, y en ocasiones hasta angustiante, pero no debemos evadirlo. Es importante que los niños entiendan que la muerte es un proceso natural en todos los seres vivos.

Aunque en casa no se hable del tema, en algún punto los niños se enterarán de que la muerte existe. Esto puede ser a través de los cuentos, dibujos animados, programas de televisión, películas, canciones, la muerte de un padre, un abuelo, un familiar, un amigo, un ser querido o una mascota, o incluso a través de compañeros de la escuela que relatan acerca de una muerte a su alrededor.

La mayoría de los niños, en algún momento de su paso por la infancia, experimentarán angustia y miedos ante la posibilidad de que puedan morir sus padres, ellos u otros familiares cercanos, comenzarán a hacerse preguntas y a tener pensamientos alrededor de este tema. Como adultos, debemos acompañarlos, escucharlos, respetarlos y dar por válidos estos sentimientos, ayudándolos a que puedan afrontarlos, dando respuestas adecuadas a su edad y transmitiéndoles que todos tenemos miedos pero que debemos aprender a controlarlos para no vivir asustados.

En ocasiones, cuando los niños están muy enfadados o cuando se ven envueltos en un ataque de celos, pueden desear que a algún ser querido le pase algo o incluso que muera. Posteriormente pueden sentirse angustiados por el simple hecho de haberlo pensado y temerosos de que llegará a suceder. Como adultos podemos enseñarles a diferenciar los pensamientos que les asustan de la realidad, explicándoles que no por pensar algo malo quiere decir que vaya a ocurrir.

Es normal y común que en algún punto los niños experimenten miedos relacionados con la muerte. Solamente si la ansiedad crece en exceso, hay que preocuparse y buscar ayuda.

58 / 100

SEPARACIONES Y DIVORCIOS

El número de casos de separaciones y divorcios es cada vez más significativo. Las separaciones implican la ruptura de la familia, pero además la ruptura de un proyecto al cual todos sus miembros habían dedicado su esfuerzo y en el que habían puesto sus ilusiones. Son bastante dolorosas, complicadas y difíciles.

Para que los niños puedan sobrellevar la separación de la mejor manera, es esencial que los padres tengan las capacidades y habilidades de sobrellevarlo bien. Si son amables el uno con el otro, tienen una relación cordial, basada en el respeto y con una buena comunicación entre ellos, sin duda los hijos estarán mejor que si se produce todo lo contrario.

Cada una de las separaciones son distintas, pero en todas hay dolor y sufrimiento. Los niños pueden experimentar miedo ante lo desconocido, por lo que se aconseja que se hable con ellos explicándoles lo que está sucediendo, dialogar con ellos de forma constructiva y positiva, y estar dispuestos a responder todas sus preguntas y dudas. Los padres deben cerciorarse de que sus hijos entiendan con detalle cómo será su vida a partir de ahora, las dinámicas, el día a día, dónde dormirá, dónde pasará el fin de semana... La aceptación será la clave de este conflicto, es decir, entender y aceptar que ahora la realidad es otra.

En ocasiones, los niños replican la rabia que siente uno de los padres ante la separación y la actúan como si fuera propia. En otras se sienten tristes y angustiados por lo que están viviendo, originando falta de concentración en la escuela, baja de su rendimiento académico y pueden hasta perder a sus amigos. Ayudará si los padres pueden resolver sus propias vicisitudes.

Cuando los padres permanecen juntos a pesar de su mala relación y lo hacen por el bien de los hijos, en realidad termina siendo contraproducente. Los niños son muy inteligentes y a través de sus sentidos perciben lo que acontece a su alrededor, escuchan cosas, observan actitudes y palpan incomodidades.

Existen diversas fórmulas en las que se organizan las familias después de una separación: custodia compartida, acuerdos de qué día y a qué hora un padre o el otro estará con los hijos, régimen de visitas, fines de semana alternos, entre otras, teniendo como consecuencia niños que van con su mochila de una casa a otra sintiéndose una *pelota de ping-pong* en medio de una partida.

Cuando alguno o ambos progenitores comienzan a salir con nuevas parejas, las dinámicas y la recomposición familiar comenzarán a removerse nuevamente.

Si los padres se separan siendo los hijos aún muy pequeños, posteriormente les quedará solamente un vago recuerdo de cómo era cuando sus padres estaban juntos. Sin embargo, el deseo de que vuelvan a estar unidos siempre permanece, siendo los propios niños quienes refieren tener estos pensamientos y deseos.

Ante un divorcio, lo más importante es tener siempre presente que son problemas entre los padres y que no se debe meter a los niños en el medio. Hay que evitar hablarle mal a los hijos del otro progenitor, de juzgarlo o criticarlo, y no ponerlo en su contra. Se debe recordar también que los hijos no son terapeutas de los padres, ni los receptáculos de sus tristezas, enfados y frustraciones. Nada de esto es justo para los chicos y les hace mucho daño, el objetivo siempre tiene que estar claro: el bienestar de los niños.

Por último, hay que darles una explicación a los hijos para evitar que los menores piensen que los padres se separan por su culpa, que han sido ellos quienes han provocado las peleas o discusiones.

59 / 100

LA MUERTE

Una de las certezas de este mundo es que todos moriremos y que en nuestro camino veremos a muchas personas morir. No obstante, pensar en la muerte, ya sea la nuestra o la de un ser querido, resulta bastante doloroso y angustiante. Cuando un niño comienza a realizar cuestionamientos acerca de la muerte, aparecen sentimientos de ansiedad, nerviosismo y preocupación en el adulto, ya que es complicado responder a sus preguntas. Pero, sin duda alguna, no debemos esquivarlas ni ignorarlas, sino aprovecharlas para poder hablar acerca de este tema y descubrir cuáles son las inquietudes que se han despertado en la mente de los pequeños. Los adultos tienen la responsabilidad de ayudar a los niños en el proceso de descubrir y entender la vida y la muerte.

Las dudas infantiles tendrán relación con el momento evolutivo en el que se encuentren los niños e irán cambiando según su desarrollo cognitivo. Cuando tenemos que ofrecer respuestas a un menor en relación a la muerte, lo más importante es dar una explicación que vaya acorde con la edad cronológica y el nivel madurativo del niño, con lo que la familia piense y crea y con las convicciones religiosas, espirituales o biológicas sobre qué es lo que sucede cuando uno deja este mundo. Los niños deben entender que la muerte es un proceso irreversible en el que el cuerpo deja de funcionar, que es permanente y que no se podrá volver a ver, a tocar o a hablar con la persona que ha fallecido, y, por último, que es un hecho inevitable.

Los niños, como grandes observadores de la vida, advierten cambios a su alrededor que les hacen pensar que la vida no es eterna: en los animales, en las plantas y hasta en las personas. Asimismo, cada vez tienen más acceso a fuentes de información como internet, móviles, tabletas, ordenadores, noticieros... Por lo tanto, es imprescindible poder atender a sus preguntas y reflexiones, aclarando posibles confusiones.

Perder a un ser querido es sin duda una experiencia muy dolorosa y movilizadora de emociones, y aunque la intención sea proteger a los niños delante de la muerte, ellos son capaces de elaborar los duelos de la mano de un adulto. No es conveniente ocultar la realidad, sino todo lo contrario, hay que enseñarles a afrontar y superar las pérdidas.

Los cuentos y los libros, las películas, los dibujos animados, las canciones y el arte son herramientas que nos ayudan a poder hablar y entender el tema de la muerte con los niños.

60 / 100

CUANDO SE PIERDE A UNA MASCOTA

Los vínculos que se pueden establecer entre un ser humano y un animal de compañía pueden llegar a ser muy fuertes y cercanos, están cargados de matices emocionales y de una comunicación muy especial. Al igual que una persona puede detectar diversas emociones o estados de ánimo en su mascota, estas a su vez pueden captar los de sus amos.

Los animales domésticos se convierten para los niños en sus amigos, en sus cómplices, en sus confidentes y se vuelven parte importante de la familia.

Da igual el tipo de animal que sea, si es un perro, un gato, un hámster, una cobaya, una tortuga, un pez, un pollito, un conejo, un caballo o un cerdo, lo que importa es cómo los niños se vinculan con ellos, el afecto que les depositan y el significado simbólico que tienen para ellos.

Después de lo expuesto, se puede deducir que, cuando un animal cercano a un niño muere, puede dar origen a un acontecimiento muy doloroso para él y para su familia y que, sin duda, no debemos restarle importancia, ya que los niños pueden sufrir mucho.

Es recomendable explicarle lo que ha pasado con palabras sencillas y sinceras, y que el menor pueda entender lo ocurrido y sus consecuencias. Para ello, se pueden llevar a cabo diversas acciones, entre las cuales se encuentran realizar un ritual en el que pueda despedirse de su mascota, hacer un dibujo, escribir una carta, enterrar un objeto de la mascota y decir algunas palabras bonitas o lo que la familia considere pertinente, abriendo de esta forma un espacio en el que se pueda hablar de la pérdida de esa mascota.

Como adultos, ya sean los padres, los educadores o la familia extensa, es importante aceptar el dolor que el niño está sintiendo con esta pérdida o con cualquier otra, y, sobre todo, poder respetarlo, no ignorarlo o enmascararlo, por ejemplo, comprando otro pez igual al que tenía para sustituir al que ha muerto. Los animales domésticos ocupan un lugar muy importante en el corazón de los niños.

61 / 100

ENFERMEDAD

Los niños, como todos los seres humanos, se enfermarán a lo largo de la vida. Los padres suelen preocuparse al ver su hijo sufrir aunque sea por un simple resfriado. Cuando un hijo es diagnosticado de una enfermedad más grave, la angustia y el dolor adquieren dimensiones importantes y es uno de los golpes más duros para sus progenitores. Enseguida comienzan a invadir su mente preguntas respecto a esa enfermedad, las causas, el tratamiento, el pronóstico, e intentan buscar respuestas ante cuestionamientos como: «¿Por qué ha tenido que pasarle a mi hijo?» o «¿Qué hemos hecho para que le pase a él, será nuestra culpa?».

Evidentemente es muy importante que los padres cuiden del hijo enfermo en todo momento, pero también han de cuidarse a ellos mismos para poder atender al menor, pidiendo ayuda a familiares, amigos y profesionales de la salud. Tener un hijo enfermo es muy difícil de sobrellevar y no hay que tener miedo de pedir ayuda.

Como es de esperar, la mayor parte de la atención de los padres está centrada en el hijo enfermo, y los hermanos de estos niños suelen sentirse abandonados. Están claramente preocupados por su hermano, pero ellos también necesitan recibir cuidados y atención por parte de sus padres.

Las enfermedades crónicas en los hijos también preocupan a los padres y los coloca en una situación compleja en la que viven con el constante temor de que les suceda algo. Es crucial que tanto los progenitores como el hijo enfermo entiendan perfectamente de qué se trata la enfermedad, qué síntomas provoca y cuáles son los cuidados que se tienen que llevar a cabo para poder sobrellevarla y transitar por la vida sin estar pensando en todo momento en este padecimiento.

La enfermedad en el hijo, en el hermano, en uno de los padres o abuelos es siempre una situación grave, complicada y movilizará las dinámicas familiares, las relaciones entre sus miembros y las emociones.

62 / 100

HOSPITALIZACIÓN

Un ingreso hospitalario, ya sea para una intervención quirúrgica menor, por un padecimiento más grave o en caso de algún accidente, supone siempre una experiencia desagradable para todos los niños y sus padres. Se despertarán un sinnúmero de temores y ansiedades alrededor de esta vivencia.

Para poder aminorar los temores de los niños, en el caso que sea una operación planeada, los adultos deben informar y prevenir al menor con el tiempo suficiente para que pueda prepararse y ofrecerle el espacio en el que pueda resolver sus dudas y expresar sus miedos. No es necesario brindarles todos los detalles médicos y quirúrgicos para evitar angustiarlo de más, pero sí asegurarse de que lo pueda entender, aunque el niño sea muy pequeño.

Un menor hospitalizado puede presentar cambios en su estado de ánimo como respuesta al malestar, el dolor y el desasosiego que está viviendo, ya que se trata de una experiencia muy fuerte y desconcertante. La tarea de los padres y familiares será estar a su lado, escucharlo, animarlo y validar las emociones que está sintiendo.

Es importante acompañar al niño en todo momento, y que lo haga principalmente su madre, su padre o algún adulto que le sea muy cercano y lo conozca muy bien. Llevar sus juguetes y objetos más preciados al hospital ayudará a que se sienta más cerca de su ambiente familiar.

Para los padres, sin duda, es un momento muy difícil y se sentirán invadidos por ansiedades y preocupaciones sobre el pronóstico de su hijo. Contar con una persona de confianza para desahogarse ayudará a no transmitirle las ansiedades al hijo y agravar su malestar.

Al volver a casa, es normal que durante un tiempo demande más atención y afecto por parte de los demás, pero se ha de tener cuidado para no caer en una sobreprotección exagerada que evite que el niño pueda recobrar su autonomía y la seguridad en sí mismo.

63 / 100

DEPRESIÓN INFANTIL

Es muy difícil pensar que un niño pueda estar deprimido; por lo general, esta palabra se asocia más a los adultos. Encarar la depresión infantil no es tarea fácil y resulta doloroso aceptar que un menor pueda estar pasando por este padecimiento.

Los síntomas de la depresión pueden ser muchos y expresarse por diferentes vías, pueden ser confusos y no siempre fáciles de detectar. Si ya en los adultos resulta difícil identificar cuándo hay una depresión, pues en los niños, los cuales se encuentran en pleno proceso de desarrollo y evolución, será aún más complicado.

Algunas de las conductas que se pueden observar en niños que padecen de una depresión son las siguientes:

– aburrimiento continuo,

– aislamiento,

– alejamiento de sus amigos o compañías habituales,

– dolores físicos recurrentes sin explicación de daño orgánico,

– cambios en la alimentación (pérdida de apetito o ingesta excesiva, teniendo como resultado cambio en el peso de los niños),

– expresiones verbales en las que manifiestan sentirse poco queridos,

– sueño alterado (insomnio o dormir en exceso),

– baja en el rendimiento escolar

– y labilidad emocional, sobre todo llantos frecuentes.

Los adultos que conviven cerca de los niños son los responsables de observar cuidadosamente si algunas de estas conductas aparecen repetidamente en ellos. No es tarea fácil, ya que algunas de estas conductas no se manifiestan exclusivamente en la depresión y, por lo general, a los niños les es más difícil poder identificar y poner palabras a lo que están sintiendo.

En ocasiones, puede confundirse la depresión infantil con un duelo por el que esté pasando un niño, como por ejemplo la muerte de un abuelo, por lo que debemos acompañarle en este sufrimiento, responder a sus preguntas y mostrarnos afectivos.

En los casos en los que por un largo período de tiempo se observen estas conductas en algún menor, es recomendable pedir ayuda especializada.

64 / 100

CADA NIÑO ES ÚNICO Y ESPECIAL

Al igual que cada persona es única, cada hijo lo es también: tiene su propia personalidad, sus propios gustos, deseos y talentos, así como distintas cualidades que lo diferenciarán de sus hermanos o del resto de los niños de su edad. No existen los moldes preconcebidos. Existen hijos que son más dependientes de los padres o que necesitan más ayuda para estudiar, otros son más reservados o inhibidos, y otros más atrevidos e independientes. Las combinaciones son infinitas. Por ello, la familia y la escuela tienen que adaptarse y ser tolerantes ante las necesidades de cada uno y ante las circunstancias específicas de cada persona.

Frecuentemente, como adultos, caemos en el error de etiquetar a los niños basándonos en los preceptos que dicta la sociedad en la que vivimos, cuyos parámetros de *lo normal* actúan como un juez ante las actitudes y conductas que desarrollan los menores.

En las sociedades modernas se vive de prisa y sus consecuencias repercuten en la infancia. En estas todo debe de aprenderse cuanto antes, sometiendo a los pequeños a estimulaciones precoces. Se exige a los niños que aprendan a leer y a escribir, a ser expertos en un deporte o incluso a hablar idiomas cada vez a edades más tempranas. Cuando hacemos esto nos estamos olvidando de respetar la individualidad, que es en donde se alojan los defectos, las virtudes, los tiempos y los intereses.

También los padres se ven envueltos en esta presión, preocupándose por el qué dirán de sus críos y de su desempeño paternal si a determinada edad no saben hacer, decir, responder o actuar de manera determinada.

Como cada familia, cada padre y cada niño son únicos, no existen las recetas exactas de lo que hay que seguir para conseguir el mejor desarrollo emocional en los hijos, no existe una única respuesta ni una manera ideal de hacer las cosas... Quizá lo que funciona para uno no sea lo mejor para el otro, pero seguro que si educamos desde el respeto, la tolerancia, el amor, los límites y la congruencia lo haremos lo mejor posible.

65 / 100

FOMENTAR LA CREATIVIDAD

Los seres humanos somos una especie muy imaginativa y creativa. El acto de crear nos aporta una satisfacción profunda, gratificante y alimenta nuestro optimismo.

La creatividad no solamente está en el arte o en las creaciones plásticas como a veces se cree. La creatividad puede manifestarse en cualquier ámbito como puede ser enviar un mensaje creativo a un amigo, cocinar con los ingredientes que tengamos en la casa, combinar la ropa que tenemos en nuestro armario y hasta incluso cuando un niño juega simplemente con cajas de cartón.

La naturaleza nos ha dado el don de la creatividad. Todos tenemos talento creativo y los adultos debemos cultivarlo de manera apropiada en los niños para ayudarlos a conseguir cosas maravillosas. Durante la evolución en la infancia, especialmente durante los primeros años de la vida, el niño necesita de adultos que lo acompañen con una actitud respetuosa y abierta frente al desarrollo de su propia creatividad, permitiéndole explorar el mundo desde su individualidad.

Para poder crear, es necesario tener curiosidad, ser original y tener ideas. Hay que ofrecer a los niños los recursos para fomentar su creatividad, que pueda permanecer activa y despierta a lo largo de los años y que pueda funcionar como una especie de motor en su vida.

Dos elementos clave para que los niños sean creativos son:

1) La confianza en uno mismo.

2) El interés.

Cuando un niño se propone crear algo y fracasa, tenemos que persuadirlo para que lo siga intentando y que no decaigan sus ánimos o se frustre. Todos experimentamos decepciones creativas, pero debemos aprender de ellas hasta encontrar la manera de conseguir que aquello funcione o que nos llene de satisfacción.

Las escuelas también deben ser quienes impulsen y fomenten la creatividad en los niños, proporcionando las actividades y los espacios en los que puedan crear, experimentar sin normas y sin instrucciones precisas en cuanto a la forma, el color y el resultado.

66 / 100

AYÚDALOS A ENCONTRAR SU TALENTO

Todos los niños tienen talentos, simplemente hemos de ayudarles a encontrar el suyo y, posteriormente, cultivarlo, entendiendo que existen muchos tipos de talentos y habilidades.

Uno de los ingredientes principales para fomentar el talento en los menores es el impulso de un tercero, de un otro, que pueda ayudarlos y guiarlos para poder desarrollarlo y ejecutarlo. Los padres pueden funcionar como este agente, pero los maestros también. Los niños pasan muchas horas en la escuela y sus docentes tienen la responsabilidad de observar a cada uno de sus alumnos y descubrir en ellos capacidades y habilidades únicas, propiciando en ellos la creatividad y la curiosidad.

Cada persona tiene muchos talentos, pero no es talentosa para todo. Evidentemente no todos los niños serán buenos para todas las materias, practicando todo tipo de deporte o tendrán las mismas habilidades sociales, pero seguramente que si encuentran dificultades en algún punto habrá otro en el que podrán destacar. Para eso es importante el desarrollo de una buena autoestima, enseñarles a tolerar frustraciones y a perder el miedo a equivocarse, para evitar que se desanimen si algo sale mal.

Vivimos en un mundo en el que las diferencias entre hombres y mujeres se han ido matizando. Ahora las mujeres pueden hacer cosas que quizá antes solamente hacían los hombres y viceversa. Debemos salir de clichés, estigmas sociales y convencionales, fomentando en los niños sus propios gustos, habilidades y talentos sin importar su sexo.

Si los niños descubren cuál es su pasión, estarán más motivados y se sentirán mejor.

67 / 100

AUTOESTIMA

La autoestima es la valoración que tenemos de nosotros mismos, la opinión y el sentimiento que cada uno tiene acerca de sí mismo y de sus actos, valores y conductas. Este sentimiento de valía y amor propio se aprende y se va formando desde la infancia. Los niños comienzan a crear una imagen de ellos mismos a partir de las relaciones con los otros, del intercambio de palabras, de acciones y reacciones, así como también de las experiencias de vida que van teniendo.

La autoestima no es estática, sino más bien variable, y puede ir oscilando de lo positivo a lo negativo, de lo alto a lo bajo. Numerosos autores, como por ejemplo Freud, Maslow o Adler, ya desde hace mucho tiempo han hablado de este concepto y lo han desarrollado a lo largo de sus teorías.

Cuando los niños tienen una alta autoestima se sienten llenos de alegría, entusiasmo y energía, están convencidos de que son capaces de hacer todo y se sienten seguros de lo que valen y de lo que hacen, tienen elevados índices de autoconfianza y cuentan con ellos mismos para todo lo que sea necesario. Y, por el contrario, un niño cuya autoestima es baja parecerá cansado, sin nada que lo entusiasme e inseguro de lo que es capaz de hacer, se sentirá que vale muy poco.

La autoestima de los niños es muy frágil y es complicado repararla cuando ha sido dañada por un largo período de tiempo por otros niños o adultos significativos.

Los adultos que vivimos alrededor de los niños tenemos la responsabilidad de contribuir al buen desarrollo de su autoestima, haciéndolos sentir que son capaces de hacer las cosas, que son personas agradables, que confiamos en ellos y que poco a poco pueden ser más independientes de nosotros, y así conseguir que su amor y confianza propia aumente de forma estable. Los niños necesitan de unos padres que le digan que es muy valioso.

68 / 100

AUTOCONCEPTO

El autoconcepto es la imagen que tiene una persona de sí misma. Incluye ideas, sentimientos y juicios de valor que cada uno formamos sobre nosotros mismos. Habla de la manera en la que vemos nuestras características físicas, sociales, laborales, de aprendizaje y todo tipo de habilidades y destrezas.

En cuanto a cómo percibimos nuestra imagen, nuestras características físicas juegan un papel primordial. Pero, más allá de cómo sean estas realmente, lo que importa es la vivencia que tenemos frente a ellas.

El autoconcepto lo vamos construyendo a lo largo de la vida y se va formando por valoraciones y opiniones propias y del resto de la gente que nos rodea: familia, amigos, profesores, entre otros. Está íntimamente relacionado con nuestra autoestima.

Tener una imagen positiva o negativa de nosotros mismos determinará nuestra manera de sentirnos y de actuar en diversas situaciones de la vida.

Debemos ayudar a los niños a aceptarse tal como son y a que construyan una mejor imagen de ellos mismos, reforzando siempre las áreas positivas de su vida, sus logros y sus buenas acciones. Esto les ayudará a tener una mejor autoestima y a desenvolverse de la mejor manera en la vida.

Si desde pequeño un niño va construyendo una imagen positiva de sí mismo, podrá afrontarse de mejor manera a la pubertad y posteriormente a la adolescencia y a todos los cambios que se producen en esta etapa de la vida, desde físicos hasta sociales, emocionales y psicológicos. El duelo por la pérdida del cuerpo infantil y la aceptación del nuevo cuerpo juegan un papel muy importante en esta etapa.

El amor propio, el desarrollo de una buena autoestima y la aceptación del propio cuerpo, la imagen y las características personales, ayudarán a los menores a enfrentarse mejor al mundo y a las situaciones por las que tienen que atravesar en su día a día. Si conseguimos que tengan un buen autoconcepto, se sentirán más seguros de ellos mismos y proyectarán esta imagen al resto de las personas que los rodean.

69 / 100

MOTIVACIÓN

La motivación es una fuerza que nos moviliza para conseguir lo que deseamos y que nos impulsa para poder satisfacer nuestras necesidades. Es una de las claves elementales en el desarrollo emocional de los niños y en su educación.

Todos necesitamos estar motivados para hacer nuestras actividades. Los adultos la necesitan para ir cada día a trabajar, para hacer ejercicio, para llevar a cabo el reto de ser padres, etcétera. Y los niños la precisan para estudiar, ir a la escuela, aprender, hacer deporte, comer bien y relacionarse con sus pares.

Esta motivación la obtenemos de nosotros mismos, de los seres más próximos, de la sociedad, de los amigos, de los jefes en el trabajo o de la búsqueda de una economía estable. Los niños necesitan recibirla por parte de sus padres, familiares cercanos, amigos, profesores del colegio y de actividades extraescolares, así como de ellos mismos.

La motivación es interna, no se puede imponer externamente, pero sí se puede ayudar a despertarla. Se nutre de las alabanzas recibidas por el otro. En muchos casos, la motivación será una consecuencia directa del reconocimiento y los elogios que los menores reciben de los adultos que los acompañan en su desarrollo. Hay que incitar a los niños a reconocer sus fallos, a querer mejorarlos y a esforzarse cada día, pero también se recomienda prestar atención a sus logros, a lo que han hecho bien y al esfuerzo que han realizado, motivarlos a seguir por este camino y que sientan el reconocimiento que acompaña su esfuerzo.

En la época en la que vivimos, en la que los menores pasan muchas horas encerrados jugando con los videojuegos y enganchados a pantallas, debemos ayudarlos a motivarse para realizar otras actividades lúdicas, practicar un deporte, encontrar un *hobby* y hasta para salir de casa.

Como adultos tenemos la responsabilidad de motivar a los niños a aprender, a quererse, a ser mejores personas y a desear alcanzar sus metas y sus sueños.

70 / 100

AYUDARLOS A ACEPTAR SU ASPECTO FÍSICO

La imagen corporal se construye desde la infancia y, según como se vaya edificando, determinará la manera en la que actuemos, nos movamos y nos sintamos en el mundo.

Las revistas, la televisión, la publicidad o las redes sociales colaboran en la creación de imágenes *perfectas* de adultos, bebés y niños, y pueden llegar a afectar a muchas personas si sus atributos físicos están muy alejados de estas. La aceptación es el elemento crucial, y no solamente por los propios menores, sino también por parte de sus padres. Es muy difícil que un niño se acepte a sí mismo si sus padres no lo hacen primero.

Muchas veces la imagen corporal que un niño tiene de sí mismo no corresponde con la realidad o con lo que los demás ven, y puede llegar a ocasionarle algunos problemas sociales, relacionales y de salud. La baja autoestima suele venir acompañada de la vivencia negativa del propio cuerpo, de su imagen corporal.

La importancia que en el núcleo familiar se le dé al cuerpo y al aspecto físico influirá en los hijos. Por ejemplo, si se trata de una familia en la que los miembros no son muy delgados y el padre o la madre continuamente realiza autocríticas contra su propio cuerpo, el hijo que posee las mismas características sentirá que esas palabras también lo atacan a él, se afligirá y su autoestima se verá afectada.

Los niños deben entender la importancia de la higiene y de un buen arreglo personal, y en el caso en el que no sean los más agraciados o si su cuerpo no es el más esbelto, debemos cuidarlos para que no se retraigan socialmente y que su autoconcepto no se deteriore.

Como adultos debemos transmitirles el mensaje que en la vida existen cosas más importantes, como el ser una buena persona, un buen amigo, un buen hermano y un buen hijo, que sepa ayudar al prójimo y que se esfuerce en respetar a los demás, siendo honesto y buen ciudadano.

71 / 100

DEMOSTRAR SIEMPRE EL AMOR

El amor es una de las emociones primordiales en los seres humanos y nos acompaña a lo largo de la vida. Se puede sentir hacia muchas personas al mismo tiempo y puede ir tomando diversas formas.

Las relaciones entre padres e hijos, como cualquier relación humana, tienen cualidades positivas y también negativas. En ocasiones los padres podrán comprender de manera adecuada a sus bebés y a sus hijos, pero en otras no será así y será inevitable hacer algo mal. Si esto sucede, el daño no será irreparable, se podrá solucionar. La capacidad de poder recuperarse de los malentendidos constituye para los padres y para los niños una parte esencial que lleva al conocimiento, tanto del otro como el de uno mismo, y al amor mutuo.

En la tarea de educar y criar a un niño, habrán muchos momentos de peleas, enfados, gritos y desencuentros. Los niños, cuando sus padres los regañan y se enfadan con ellos, tienen miedo de perder el amor de sus progenitores, que los dejen de querer por portarse mal o por no hacer las cosas bien, y eso les produce ansiedad. En ocasiones, los padres cometen el error cuando se enfadan de decir a sus hijos frases como «ya no te quiero» o «si no haces lo que te digo te voy a dejar de querer», generando este miedo en sus hijos. Aunque los padres estén desbordados deben evitar el uso de estas frases y, en el momento de la conciliación, expresar a sus hijos que no están de acuerdo con lo que han hecho, pero que los quieren de igual forma y que por más que estén enfadados no los dejarán de querer.

También los padres pueden pedir perdón a los hijos si sienten que se han equivocado o que se han pasado con algún comentario, regaño, enfado o actitud. Les estarán dando a sus hijos una gran lección, basada en el reconocimiento de los errores y en la capacidad de pedir perdón.

72 / 100

DEMOSTRAR QUE CONFIAMOS EN LOS HIJOS

La confianza no es asunto fácil: es frágil y delicada, el proceso para ganarla es complicado y, por el contrario, se puede perder muy fácilmente. Cuando por diversos motivos la confianza es traicionada y se deteriora, se requerirá de un gran esfuerzo por ambas partes para lograr recuperarla.

Para poder llevar a cabo de la mejor manera posible el ejercicio de ser padres y educar a los hijos, esta herramienta llamada confianza será necesaria. Deberán creer en ellos, teniendo la firme esperanza de que sus retoños harán las cosas lo mejor posible y de que podrán conseguir lo que desean desarrollando las competencias que sean necesarias para lograrlo.

Durante la crianza y el desarrollo de los niños, es normal que los menores cometan equivocaciones y errores. Los padres y docentes tienen la responsabilidad de corregirlos y de invitarlos a reflexionar sobre lo sucedido, ayudándolos a pensar la manera en la que se puede componer y evitar que ocurra nuevamente. Para lograrlo necesitarán sentir que los adultos confían en ellos para hacerlo mejor la próxima vez y que la esperanza depositada en ellos no se ha desvanecido. Si un niño no siente que confían en él, su autoestima se verá atacada y estará cargando sobre su espalda un lastre que le impedirá afrontarse a los retos y adversidades de su vida.

Cuando los hijos crecen, los padres tienen que confiar en que se les ha enseñado correctamente y que han aprendido lo necesario para poder gestionar su vida de la manera más adecuada posible. Si los progenitores confían en lo que están haciendo, serán capaces de transmitir esa confianza a sus descendientes.

73 / 100

LA IMPORTANCIA DE UNA COMUNICACIÓN EFECTIVA Y AFECTIVA

La comunicación es una de las herramientas esenciales que favorece las relaciones humanas. Dentro del seno familiar es recomendable que sea eficaz para que contribuya en la calidad de las relaciones entre los miembros que lo componen y que fomente un buen ambiente en el que los hijos puedan desarrollarse.

La comunicación afectiva debe estar presente todo el tiempo en las familias y debe ser practicada por cada uno de sus miembros. No es una tarea fácil y se irá adaptando y perfeccionando en cada momento. Debe activarse con mayor medida cuando los hijos atraviesan por momentos especialmente difíciles.

Algunas características que resultan importantes en una comunicación afectiva de los padres con los hijos son la empatía, la capacidad de poder retroceder a la propia infancia y la sintonía con las emociones del niño. Ayudará también que, a la hora de comunicarse en familia, los mensajes que se ofrezcan sean claros, fáciles de entender, que promuevan el diálogo y la escucha del otro y que se procure que sea una comunicación basada en lo positivo, en la asertividad y en el respeto.

A veces, algunos padres pueden llegar a tener miedo de perder la autoridad o el respeto de sus hijos si se muestran muy empáticos o afectivos, pero esto no pasará si los límites que establecen están claros y son cumplidos.

El lenguaje que se utiliza para comunicarse dentro del ambiente familiar es también importante. Es necesario cuidar las palabras que se usan, la manera en la que se dicen las cosas, el tono y el volumen que se emplean. Las palabras pueden reconfortar, acompañar, sostener y aconsejar, pero también pueden herir y dañar.

La forma en que los componentes de una familia interactúan entre sí y la manera que tienen de comunicarse está relacionada con la estabilidad emocional de los hijos y con un apropiado desarrollo de su autoestima.

Si la comunicación entre padres e hijos es buena, contribuirá a establecer y mantener relaciones más positivas, sanas y equilibradas.

74 / 100

RESOLUCIÓN DE PROBLEMAS

Los conflictos son parte natural de la vida y de las interacciones sociales e interpersonales. Para poder afrontarlos adecuadamente es necesario desarrollar aspectos como la reflexión, el compromiso, la flexibilidad, la creatividad, el autoconocimiento y la tolerancia. Los adultos pueden ayudar a los niños a desarrollar estas cualidades ayudándolos a enfrentarse de mejor manera ante los avatares de la vida. Es importante también transmitir a los menores que los conflictos no necesariamente tienen connotación negativa, sino que pueden servir para mejorar la comunicación entre las personas, promover el crecimiento emocional, adquirir más conciencia de cómo es uno y cómo son los demás y, a su vez, aumentar la fortaleza personal.

Los conflictos en los niños pueden originarse con o entre sus padres, con sus hermanos o miembros de la familia extensa, con sus pares y amigos, con los docentes o maestros de actividades extraescolares o bien con cualquier persona ajena a este círculo más cercano, y serán de distintas formas y magnitudes.

Los niños aprenden con gran facilidad de los mayores que los rodean, son su modelo a seguir y a imitar. Observarán la manera en la que resuelven dificultades y diferencias, cómo dialogan y discuten y cuál es el camino que siguen para encontrar soluciones a los problemas. Por tanto, los adultos han de ser cautelosos en sus formas y acciones. Si nos topamos con un niño que resuelve sus vicisitudes mediante gritos, insultos o imposiciones, probablemente esté repitiendo lo que observa en su entorno. Como adultos también tenemos la labor de enseñarles que los golpes no deben usarse como recurso para resolver sus disputas, que existen otras maneras.

Se entiende claramente que los conflictos son inherentes al ser humano, pero seguramente que dentro del ámbito familiar algunos se podrían evitar si los prevenimos, sabiendo desde un principio qué es lo que queremos y siendo congruentes, informando a los hijos con palabras sencillas para que lo entiendan, aplicando criterios adecuados y estableciendo normas y límites claros que se cumplan con coherencia y persistencia. Aprender a convivir en familia reclama poder escuchar, respetar, entender, tolerar diferentes puntos de vista y aprender el gran arte de ceder, aplicando este sabio refrán que dice «Hoy por ti, mañana por mí».

75 / 100

PREDICAR CON EN EL EJEMPLO

Desde que un ser humano llega a este mundo irá aprendiendo a través de las experiencias que vive, de las actitudes, conductas, creencias, valores, lenguaje, emociones y la manera de pensar, hablar e interactuar de sus seres cercanos —principalmente padres y hermanos— sobre cómo es la vida y la sociedad y, por tanto, cómo se ha de relacionar con el universo que lo rodea.

Los niños funcionarán como un espejo ante lo que observan a su alrededor y repetirán lo que aprenden, principalmente en su casa.

La coherencia, entendida como una actitud lógica y en consecuencia con los principios que se desean profesar, debe reinar en la educación de los menores. Si no queremos que los niños falten al respeto, nosotros como adultos tenemos la responsabilidad de evitarlo, teniendo una actitud respetuosa hacia ellos y hacia el resto de personas que nos rodean. Por ejemplo, si un padre habla mal a un camarero en el restaurante, después no podemos sorprendernos si escuchamos al hijo repitiendo estas actitudes aunque sea en otro contexto.

En el ámbito escolar cada vez se advierte más que ya no es el maestro quien siempre tiene la razón, como sucedía antaño. Los padres suelen cuestionarlos con frecuencia, desacreditarlos e incluso enfrentarse a ellos cuando no están de acuerdo con alguna nota, comentario o actitud, originando como consecuencia niños que faltan al respeto a los docentes y los tratan de la misma manera que sus progenitores.

Prediquemos con el ejemplo y seamos coherentes con las actitudes que tenemos y lo que deseamos enseñar a los niños.

76 / 100

COOPERAR EN FAMILIA

El aprendizaje del valor de la cooperación y el ayudar a los demás tiene sus cimientos en el núcleo familiar. Si promovemos la colaboración de los niños en la casa estaremos fomentando su autonomía y enseñándoles la importancia de la responsabilidad, el trabajo y la cooperación en grupo.

La mejor manera de enseñar a colaborar es participando con los hijos en sus tareas, en su día a día y en sus aprendizajes.

En las ciudades europeas, la ayuda del servicio doméstico suele ser reducida, por lo que para el buen funcionamiento de la familia es recomendable que todos sus miembros participen en las labores domésticas. Se puede enseñar a los menores a realizar ciertas tareas en el hogar, entre las que se encuentran ayudar a hacer su cama, poner y quitar la mesa, recoger su habitación y sus juguetes, sacar la basura, entre otras tareas siempre acordes a la edad evolutiva del pequeño.

Los padres se quejan frecuentemente de que tienen que repetirles cada día a sus hijos cuáles son sus tareas. Para no perder la paciencia, ayudará si recuerdan que la explicación a esto es que se encuentran delante de un niño y no de un robot o un adulto; si no tuvieran que recordárselo sería también preocupante.

No solamente la cooperación en familia se refiere a las tareas diarias del hogar. También hace mención al entendimiento de las necesidades del otro, el estar alerta de lo que los demás precisan o necesitan en cierto momento del día o de la vida. Si todos los miembros de una familia están de acuerdo en que entre ellos deben ayudarse a mejorar, habrá mejores resultados y los llevará a estar más unidos y a ser comprensivos con el otro.

77 / 100

APRENDER A COMPARTIR

Sin duda, el compartir es un valor muy importante que se debe inculcar en los niños. Es un comportamiento aprendido y necesario para poder formar parte de un grupo social en el cual las necesidades de cada uno de sus miembros se reconocen con igual importancia.

Los niños muy pequeños suelen jugar solos y no desean compartir sus cosas o juguetes, ya que tienen mucha valía para ellos, se les dificulta entrenarse en el aprendizaje de compartir y se ven envueltos en discusiones y peleas con sus padres y educadores. Todo esto tiene su razón de ser, y ayudará a los adultos que están cerca de los niños entender que los pequeñitos no actúan por maldad o por desconsideración con los demás, sino que simplemente lo hacen por tener una constancia de sus pertenencias, ya que sus objetos poseen elementos de su personalidad, así como aspectos que han proyectado desde su mundo interno y que no desean que otros niños puedan llegar a modificar su significado y el uso que ellos les han atribuido. Con el paso del tiempo y con la ayuda de los mayores, tendrán que ir aprendiendo a incluir a otros en su juego, a poder compartir sus pertenencias y a integrarse como seres sociales.

Cuando la familia crece, el hermano mayor deja de ser el único y tendrá que aprender también a compartir el amor y la atención de los padres y demás familiares cercanos, el espacio físico y psíquico de la casa, los juguetes, la comida y hasta la hora del baño. Y aunque a los niños, en ocasiones, esto parece disgustarlos, por otro lado los ayuda a crecer, a aceptar los cambios y a aprender a compartir con los demás niños de su alrededor.

78 / 100

LA RISA Y EL SENTIDO DEL HUMOR

A todos los seres humanos nos hace bien reírnos, ya sea solos o acompañados. Es un placer que nos llena de energía y nos recuerda que la vida también existe para gozar y pasarla bien.

La risa, la sonrisa y un buen sentido del humor tienen un efecto mágico en las personas y un beneficio sobre la salud física, mental y emocional. Ayudan a relajarnos y a sentirnos más a gusto. Son claves importantes para una buena socialización con quienes nos rodean y ayudan a transmitir optimismo, amabilidad, empatía y cercanía. Son, sin duda, una fortaleza importante para quienes los poseen.

Cuando los bebés nacen, la sonrisa que pueden dibujar en su rostro es meramente un reflejo, un gesto. No es hasta los 2 o 3 meses cuando la sonrisa ya tiene intenciones comunicativas y expresivas. Esta sonrisa es el primer reconocimiento social que va a hacer un niño a su cuidador principal.

Es positivo enseñar a los niños que la risa es sanadora y que el tener un buen sentido del humor y vivir las cosas con alegría ayudará a que puedan disfrutar más de su día a día. Desde casa se puede inculcar mediante juegos, películas, escenificaciones y demostrando como padres que también tienen la habilidad para reírse.

Un buen sentido del humor e intentar mirar la vida desde un ángulo positivo ayudará a los niños para poder afrontar y superar sus problemas y dificultades.

En ocasiones la paternidad puede ser agobiante, pero intentar disfrutar de la familia, poder tomar con filosofía los pequeños errores que como padres se cometen y encontrar momentos de goce, alegría y risas junto con los hijos ayudará a que todo sea más llevadero.

79 / 100

CUIDARSE COMO PADRES PARA CUIDAR A LOS HIJOS

La vida en familia y las labores como padres al criar, cuidar y educar a los hijos no suelen ser tareas fáciles, sencillas ni ideales. Muchos padres suelen sentirse desbordados y asfixiados.

Existen algunos padres que viven exclusivamente para sus hijos y que dedican a ellos todo su tiempo libre, son capaces de sacrificar su vida, paralizar su desarrollo personal, prescindir de su vida social y dejar a un lado sus aficiones, deseos y pasatiempos. Esto puede llegar a ser una equivocación si se convierten en esclavos de los hijos, estando permanentemente al servicio de estos y olvidándose de enriquecer su parte personal.

La familia está compuesta por cada uno de sus miembros en su totalidad, pero también por la individualidad de cada uno con sus propios intereses, gustos, deseos, habilidades y preferencias. Lo mejor es que cada uno pueda encaminarse hacia su desarrollo personal y desenvolverse como individuo, teniendo siempre en cuenta y en consideración a los demás componentes de la unidad familiar.

Es importante que los padres cuiden su relación de pareja, la valoren, realicen actividades sin los hijos y que puedan desconectar y hablar de otros temas. Pueden aprovechar si tienen a alguna persona de confianza para que cuide a los hijos de vez en cuando. Esta actitud no los convertirá en malos padres, sino al contrario, si como pareja están bien, mantienen una buena relación y están relajados, seguramente se verá reflejado positivamente en la dinámica familiar.

Todos los padres necesitan tomarse un descanso y recargar las pilas para volver a estar tranquilos y satisfechos con ellos mismos. Se puede acordar con los demás miembros de la familia para que cada uno de los progenitores pueda tener momentos puntuales para ellos, para realizar algún deporte, estudiar, mantener un *hobby* o salir con amigos. No hay que olvidar que cuando uno tiene hijos, además de ser padre o madre, también se es un hombre o una mujer, es decir una persona con sus propios intereses y deseos. Cuidarse a uno es cuidar también de los demás.

Conversar con otras parejas que a su vez tengan hijos puede auxiliar a los padres a resolver sus cuestionamientos, sentirse acompañados en el camino de la paternidad y, sobre todo, para darse cuenta que no son los únicos que tienen dudas o a los que les acontece una cosa o la otra. Entender que todos cometen errores cuando llevan a cabo la tarea de ser padres los ayudará a estar más tranquilos.

80 / 100

LAS MENTIRAS

El uso de las mentiras es otro buen ejemplo de cómo la influencia de los adultos repercute en los menores. Si los padres o adultos de referencia se mienten entre ellos, mienten a un tercero o a los hijos, los menores observarán y aprenderán a decir mentiras, por lo que se debe predicar con el ejemplo.

Para que un niño entienda que las mentiras no conducen a nada bueno, es preciso que pueda conocer el valor que tiene la verdad, que enfrentarse a la realidad siempre es mejor y que comprenda que las mentiras tendrán como consecuencia la pérdida de confianza en el otro.

Cuando notamos que un niño está mintiendo, antes de reprimirlo, es pertinente averiguar si en realidad es porque está haciendo uso de su fantasía y su imaginación. Además, se puede evaluar si hay una verdadera intención detrás de la mentira o si simplemente puede ser un error o una equivocación. Se debe tener en cuenta la edad del niño y la situación de vida por la que atraviesa.

Las razones por las que un niño puede mentir o fingir pueden ser muy diversas:

– Puede ser que el niño pequeño no cuente con la capacidad de discriminar todo lo que le rodea.

– Quizá las mentiras sean parte simplemente de un juego inocente en el que la creatividad, la fantasía y la imaginación de un niño forman parte.

– En ocasiones, los padres son bastante exigentes y el menor miente para aliviar la presión que siente o para evitar un posible castigo.

– Hay veces que mienten e inventan que se encuentran mal o enfermos para poder conseguir un provecho, tener la atención de sus padres o beneficiarse de alguna ganancia secundaria.

En cierto grado, las mentiras en los niños son normales, hay que prestar atención a qué es lo que pasa cuando un niño no es capaz de decir ninguna mentira o de tener algún tipo de filtro y, por el contrario, estar atentos a los casos en los que la mentira se convierta ya en algo patológico y pedir ayuda profesional para evaluar los motivos que circundan esta situación.

81 / 100

ANIMAR A LOS HIJOS A RESOLVER SUS PROBLEMAS

Es correcto ayudar a los hijos cuando tienen un problema, escucharlos, acompañarlos y aconsejarlos, pero también es acertado dejar que ellos puedan pensar, sentir y tratar de encontrar una solución. Si desde pequeños se les entrena en este difícil terreno que es la resolución de conflictos, les estamos brindando las herramientas para que ellos puedan, poco a poco, realizarlo solos y, en un futuro, ser capaces de resolver y responder a los avatares de su vida.

Hoy en día es común tratar a los hijos como si fuesen demasiado endebles y delicados, cayendo en el error de resolver todos sus problemas. Esto tiene como consecuencia que, al querer ayudarlos y protegerlos, se envíe un mensaje contradictorio, produciendo un efecto adverso. Es decir, que los niños sientan que no son capaces por sí mismos de resolver sus asuntos emocionales, escolares y de su vida cotidiana.

Para poder enseñar a resolver problemas a un niño, previamente los adultos deben saber hacerlo y ponerlo en práctica, pregonando con su ejemplo.

Una característica básica para que los niños puedan resolver los conflictos es la empatía, que se entiende como la capacidad para ponerse en el lugar del otro y entender lo que el otro pueda sentir o pensar.

A los niños se les puede instruir a resolver sus dificultades utilizando el diálogo y una buena comunicación como herramienta, manteniendo una actitud positiva y asertiva. Que comprendan que, a pesar de que lo más sencillo es poner la culpa en el otro, también se debe aprender a reflexionar sobre los propios actos y cómo las acciones que llevamos a cabo tienen consecuencias.

Asimismo, ayudará si los niños comprenden que existen distintos puntos de vista ante un mismo acontecimiento, que analizar la situación contribuye a encontrar soluciones y que, por el contrario, el miedo, el estrés y la ansiedad solamente los paralizarán.

82 / 100

EL RESPETO

El respeto es una norma que se considera fundamental en la educación de los hijos, y que se debe inculcar desde edades tempranas. Es una de las bases de cualquier relación, ya sea de pareja, de amistad, laboral o familiar. Cuando se habla de respeto, se hace referencia a una actitud en la que se tiene en consideración al otro, en la que se exige un buen trato, una buena actitud, buenos modales y un uso adecuado del lenguaje, así como también el ser considerados con el espacio del otro y con sus posesiones, evitando a toda costa el uso de insultos, violencia y tratos abusivos hacia los demás. Es un valor crucial en una familia y un padre no debe permitir que un hijo le falte al respeto ni viceversa.

Los padres son el modelo a seguir y el respeto se debe inculcar mediante el ejemplo, ya que es un principio ético que se aprende por imitación. No se debe pretender que un niño tenga una educación sobresaliente si los padres no actúan de manera respetuosa hacia los demás, así como frente a sus hijos. Si un padre no es respetuoso con su hijo, se burla de él, le dice palabras que hieren, no le da su espacio y su tiempo y no entiende sus necesidades, entonces no estará respetándolo, ni le estará enseñando cómo ser respetuoso con el prójimo.

El tipo de relación que los progenitores mantienen entre ellos también debe cuidarse. Si el lenguaje que utiliza la pareja no es el adecuado, si hay un mal trato, si desacreditan lo que hace el otro, se insultan y se desvalorizan, entonces los hijos no podrán aprender a manifestar una actitud respetuosa hacia sus padres y hermanos y, probablemente, fuera del núcleo familiar reproduzcan lo que viven y observan en su propia casa.

83 / 100

EL RESPETO A LA INFANCIA

Frecuentemente se observa a padres que han olvidado que el hijo que tienen en casa tiene tan solo 6 años y no 26. Hay adultos que se han confundido y no recuerdan que los niños son niños y no adultos, y que tratan a los pequeños como si fueran más grandes de lo que realmente son, exigiéndoles que se comporten como mayores. Al hacer esto se corre el riesgo que los niños se muestren ansiosos, al no poder cumplir con lo que se les exige y, a su vez, de convertirlos en pseudoadultos.

Si tenemos que decirle a un niño cinco veces que recoja sus juguetes, que ponga los zapatos en su lugar o que cuelgue la mochila en su sitio, entonces nos encontramos delante de un *niño*.

Es necesario que los adultos sean respetuosos y sensibles con los niños, que estén atentos ante lo que sienten y tratarlos tal y como son, con sus virtudes y defectos. Se requiere de paciencia, cariño y tolerancia. Si los niños perciben estas actitudes estarán agradecidos y se dejarán acompañar por sus padres, sus familiares, sus maestros y el resto de adultos de referencia en su vida.

Para respetar el momento de desarrollo de un menor, se debe procurar que las expectativas que se le colocan correspondan con su edad evolutiva y con sus capacidades individuales, de lo contrario no podrán ser cumplidas y llevarán al camino de las frustraciones y discusiones.

La infancia pasa velozmente y es necesario que permitamos a los niños que disfruten, que jueguen, que rían, que aprendan, que inventen, que usen su imaginación y que lo pasen bien. Crecerán muy rápido y los padres deberían poder también disfrutar de la infancia de sus hijos.

84 / 100

LO MATERIAL *VS.* LO EMOCIONAL

Es cierto que vivimos en una sociedad capitalista, materialista, competitiva y en la que frecuentemente se considera que una persona es más valiosa por lo que tiene que por lo que es. Los niños, desde pequeños, de manera directa o indirecta, escuchan y reciben estos mensajes y se van inmiscuyendo en este mundo material.

A los hijos se les ha ido acostumbrando a darles premios por cualquier motivo y recompensarlos incluso hasta por una buena nota en un examen o por haber recogido su habitación. Pero estos logros, sin duda, forman parte de sus responsabilidades como niño.

No hay que negar que en ocasiones sea correcto premiar a los hijos u ofrecerles un reconocimiento por su esfuerzo o por algún acto positivo que hayan realizado, pero ese premio no tiene por qué ser siempre un objeto material, puede ser una actividad en familia o bien que el niño pueda disponer de tiempo a solas haciendo algo que le agrada con alguno de sus padres, entre muchas otras cosas. Los niños suelen disfrutar más el premio de pasar un tiempo de calidad con los padres que un objeto que dentro de poco dejará de interesarles.

Aunque no es recomendable hablar de la economía familiar delante de los niños para no angustiarlos por estos temas, sí que es importante que sean conscientes del valor que tienen las cosas y del esfuerzo que se necesita para conseguirlas y, sobre todo, que aprendan a dar las gracias cuando se les regala algo.

A nivel social, también debemos transmitir este mensaje a los niños: el de ser sencillos, humildes y evitar ser presumidos. Que aprendan a valorar a sus compañeros por lo que son y no por los juguetes que tienen o por si llevan la ropa a la última moda, que sepan que es infinitamente mejor ser un buen amigo que tener la última consola que ha salido en el mercado.

Debemos siempre recordar y transmitir a los niños de nuestro alrededor que el *ser* siempre debe imperar sobre el *tener*.

85 / 100

LOS LIBROS COMO HERRAMIENTA

Los cuentos infantiles nos han acompañado desde siempre, desde hace siglos. Empezaron siendo historias que se contaban de boca en boca, o que los abuelos inventaban para los nietos y, poco a poco, se han ido escribiendo, ilustrando, adaptando e inventando.

Tienen muchas funciones, desde el entretenimiento hasta la transmisión de ideas, emociones, creencias, sucesos o aspectos populares.

Hoy en día podemos encontrar desde los cuentos clásicos en varias versiones, formatos, ilustraciones y adaptaciones, hasta los que abordan distintas temáticas como emociones, conocimientos, filosofía, convivencia, valores o problemáticas infantiles, entre otras.

Los cuentos son una poderosa herramienta para trabajar las emociones, ya que:

– favorecen la expresión de sentimientos,

– contribuyen a la imaginación y la fantasía,

– ayudan a asimilar y elaborar situaciones internas,

– enfrentan a los niños con conflictos humanos básicos,

– tienen matices inconscientes,

– permiten proyectar conflictos y aportan soluciones a los problemas

– y los niños pueden identificarse con los personajes.

Hay muchos cuentos que hablan de situaciones cotidianas y que ayudarán a los niños a descubrir que no son ellos los únicos a los que les acontece una situación específica. Es decir, que lo que le pasa a él también le puede pasar al otro. Aliviará a los menores saber que sus pensamientos internos también existen afuera y que tienen una representación, aunque sea en un cuento.

Si un niño pide que le lean el mismo libro una y otra vez, es importante que, como adultos, podamos colaborar y hacerlo. Lo más seguro es que esté intentando resolver alguna cosa con ayuda de esta historia. Él mismo, cuando ya no lo necesite, no lo pedirá más. Puede resultar pesado y tedioso para los adultos, pero es conveniente, ya que podrá incorporar pedazos de historia de ese cuento e ir resolviendo situaciones. La repetición también servirá para que el niño aprenda palabras y se sienta seguro al conocer y anticipar el final del libro.

Para fomentar el gusto por la lectura, es recomendable que desde edades tempranas se lean cuentos a los niños y que sean ellos los que elijan el cuento que desean leer o que les sea leído y que no sea una imposición por los padres.

Los cuentos son como las obras de arte, tendrán un significado distinto para cada persona y este podrá ir cambiando en función del momento evolutivo y de la situación personal que se esté viviendo.

86 / 100

EL DIBUJO

El niño va a descubrir el dibujo a partir de los movimientos de su cuerpo, utilizará sus manos como instrumento para dibujar, pero en el proceso intervendrán también su pensamiento, sus emociones y el momento evolutivo por el que atraviesa.

El dibujo del niño posee unas características únicas y especiales que lo van a diferenciar del resto. Es un estilo y una creación propia, están dotados de un valor muy grande y, para los niños, funcionan como extensiones de ellos mismos.

La primera representación será como una huella casual e inintencionada, como cuando juegan con la comida o con otro material y queda una mancha. Se van dando cuenta de su capacidad creadora y de cómo, al realizar movimientos con ciertas sustancias, pueden quedar marcas.

Poco a poco irá evolucionando, pasando de un garabato a un renacuajo, hasta, finalmente, poder dibujar una figura humana y otras formas en las que el uso de detalles está cada vez más presente.

Al igual que el juego, el dibujo ayudará a los pequeños a entender, interpretar y asimilar la realidad que les rodea y les servirá de instrumento para poder elaborar sus vivencias. Del mismo modo que cuando un niño juega repetidamente al mismo juego o pide que le lean el mismo cuento una y otra vez, lo hace porque necesita resolver alguna cuestión que ronda por su mente, sucederá de la misma manera con el dibujo y pasará días dibujando lo mismo, hasta que haya podido elaborar aquello que necesitaba.

Si, como padres o como docentes, hay algo en el dibujo del niño que nos inquieta, tenemos que poder tolerar esta angustia, evitando reprimir al niño sugiriéndole que dibuje otra cosa. Si está realizando un dibujo determinado es porque así lo requiere. Sería más recomendable intentar averiguar por qué ha dibujado eso, pidiendo al niño que intente explicar o poner palabras a sus trazos. Si el caso lo amerita y se observa que los dibujos del niño, junto con otras actitudes de este, son preocupantes, será mejor pedir la ayuda de un profesional.

87 / 100

¿LE ESTOY DANDO UNA BUENA EDUCACIÓN A MI HIJO?

Definitivamente ser padre no es una tarea fácil, hay demasiadas opciones y decisiones que elegir para la familia y para los hijos: dónde vivir, qué modelo educativo es el mejor, a qué escuela enviarlos, a dónde ir de vacaciones, qué pediatra es el mejor, cuál tecnología es la más adecuada y por cuánto tiempo, a qué extraescolar llevar a los hijos o qué regalos comprarles, entre muchas otras.

Cuando los progenitores se enfrentan a la labor de criar y educar a sus hijos, diversos aspectos de su historia, de su pasado y de sus vivencias como hijos se remueven. En repetidas ocasiones piensan que no quieren educar a sus hijos como ellos fueron educados, o que nunca harán lo que hacía su padre o su madre. Sin embargo, sin darse cuenta, frecuentemente repiten los patrones de comportamiento que han vivido con sus padres o, por el contrario, actúan de manera totalmente opuesta.

Lo ideal será poder encontrar un balance en la educación, por un lado, priorizar los aspectos más destacados para los padres y ponerse firmes con ellos, ser rigurosos con las cuestiones que les importen de verdad y con las que sean congruentes con la educación que se quiere dar a los hijos y, por el otro, ser más flexibles en las que no sean consideradas de tanta relevancia. Lo que se debe tener presente es que a través de la educación se ha de acompañar a los hijos en el camino a su autonomía.

Es normal que los padres entren en competencia con otros padres, y que se sientan juzgados, observados y criticados por lo que hacen o dejan de hacer. Cada uno tendrá su estilo propio, pero lo más importante es, ante todo, que los niños sientan que viven en un entorno estable, seguro, tranquilo y lleno de afecto.

El miedo no debe ser el gobernador en la crianza de los hijos. Nadie nos enseña a ser padres, cada uno lo hace lo mejor que puede y, aunque se cometen errores una y otra vez, no se debe cesar en educar a los hijos en valores como la honestidad, la rectitud, la bondad y el respeto, así como enseñarles a valorar lo que tienen y a los que los rodean. Tener siempre presente que el esfuerzo y la dedicación del día a día para educar a los hijos está justificado y se verán todos recompensados.

En definitiva, la educación no es una receta de cocina que hay que seguir al pie de la letra. Es un experimento de ensayo y error y es personalizada e individualizada para cada hijo y en cada familia. Los ingredientes principales deben ser la flexibilidad, la paciencia y la tolerancia.

88 / 100

¿ESTÁ BIEN LLEVAR A MI HIJO A TANTAS EXTRAESCOLARES?

Antes los niños tenían tiempo de aburrirse y de inventarse actividades cuando estaban en casa sin nada que hacer, pero hoy parece que es un pecado dejar que los niños se aburran y, por el contrario, terminan el día agotados. Se les satura de actividades extraescolares y, a su corta edad, su agenda presenta pocos espacios en blanco.

El exceso de actividades produce en los niños altas exigencias a nivel académico y social, pero no solo para ellos, sino también para los padres, que son quienes tienen que llevarlos de un sitio a otro.

Los niños, sobre todo cuando son más grandes, necesitan de tiempo para hacer sus deberes. Si pasan toda la tarde fuera en sus actividades extraescolares, llegarán a casa demasiado tarde para apenas dedicar el tiempo a su tarea escolar, ducharse, cenar y prepararse para dormir, produciendo un efecto colateral y provocando el caos en el hogar.

Lo más recomendable es que los niños puedan elegir la actividad extraescolar que desean realizar, que descubran sus gustos y pasiones de una manera lúdica, recreativa y pasando un tiempo agradable. Ya el colegio les exige demasiados esfuerzos, compromisos y obligaciones como para que durante las tardes siga siendo así. Es verdad que los padres tienen la obligación de enseñar a los hijos algunas actividades, como el aprender a nadar, pero una vez asumido el reto hemos de dar voz a los menores, evitando que los hijos cumplan con el ideal de sus padres, ya sea lo que habían imaginado para su hijo o bien que, de manera inconsciente, los hijos estén cumpliendo los deseos insatisfechos de los padres. Por ejemplo: la madre que soñó ser bailarina y que no lo consiguió y obliga a su hija a ir a clases de ballet aunque a la pequeña le disgusta, o el padre que siempre quiso tocar el piano y no pudo e intenta convencer a su hijo de que es lo mejor.

89 / 100

¿MI HIJO ME QUIERE?

Esta es una pregunta que más de una vez se hacen los padres, sobre todo después de atravesar algún conflicto con su hijo, haber tenido un contratiempo o al sentirse culpables por haber reñido al menor y pensar que se han equivocado.

Es verdad que, en ocasiones, cuando los hijos se enfadan pueden decir a sus padres que no los quieren, que los odian, que se quieren ir de casa o que nunca los perdonarán, y los padres sufren por esto.

En la mayoría de los casos, los niños hasta antes de entrar a la adolescencia suelen admirar y tener en un pedestal a sus padres.

No existen los padres ni los hijos perfectos, ni se debe aspirar a serlo. Cada uno de los progenitores lo hará lo mejor que puede, dentro de las circunstancias reales de su vida, y no debe sentirse culpable al no cumplir con esta nueva moda de ser la supermamá o el superpapá que no se equivoca, que todo lo puede, que debe preguntar al niño todo y que debe anticiparse incluso a los deseos de los menores.

Los hijos pueden enfadarse con sus padres cuando no los dejan hacer alguna cosa que desean o cuando no les compran lo que quieren, pero el amor que sienten hacia ellos nunca estará en juego. Estas situaciones son parte de la educación, así como de las tareas de ser padres, incluidas las normas y los límites, y no hay que tenerles miedo.

Como se ha mencionado anteriormente en este libro, siempre se ha de tener claro que cualquiera que sea la circunstancia, y por más enfadados que puedan estar los padres, no se debe nunca decir a los hijos que los dejarán de querer por haberse comportado de mala manera o actuado equivocadamente, o que si hacen algo que los disguste no los querrán más. Esto genera mucha angustia en los niños y pueden llegar a creer que verdaderamente el amor de sus padres está en juego y que los dejarán de querer.

90 / 100

¿CÓMO SERÁ EL FUTURO?

Vivimos en un mundo en el que todo avanza rápidamente y en el que nuestros ojos y nuestras mentes no son capaces de poder entender, comprender y aprender todo lo que acontece en nuestro alrededor.

Atravesamos con frecuencia por crisis, guerras, atentados, cambios políticos y climáticos, explosiones de tecnología y avances científicos, y el futuro se asemeja a un gran signo de interrogación provocando una fuerte incertidumbre y, en ocasiones, hasta angustia entre los habitantes del planeta.

Las familias y las instituciones educativas son parte de este universo, por tanto, los padres, abuelos, maestros y cuidadores de niños también se cuestionan acerca de cómo será el mundo en el que los menores crecerán, los avatares a los que se tendrán que enfrentar, las oportunidades que se les presentarán, así como la calidad del ambiente en el que crecerán.

Debemos preparar a los niños para el camino al cual se van a afrontar en el futuro. Aunque no sepamos a ciencia cierta cómo será este porvenir, si les brindamos las herramientas necesarias para poder enfrentarse de mejor manera a lo que ocurra, ya les estamos ayudando. No servirá de nada si solamente les allanamos el camino, acondicionándoles la senda por la que han de transitar, como si de un camino de rosas se tratara, en la que no encuentran ninguna dificultad y todo es resuelto por los adultos, sino más bien lo correcto sería guiarlos a ellos para esta travesía.

Es cierto que el mundo es competitivo y dinámico y que los padres, desde que sus hijos son pequeños, quieren prepararlos lo mejor posible para poder sobresalir y ser exitosos. Sin embargo, estas actitudes a veces son llevadas al extremo y algunos padres para conseguirlo inscriben a su hijo a la mejor escuela, a la extraescolar que más ayudará al niño en su futuro, les revisan la agenda para que no fallen nunca en la escuela, etcétera, olvidándose de las necesidades y deseos del niño y, sobre todo, pierden de vista si su hijo es realmente feliz.

91 / 100

¿PADRES O MAESTROS EN CASA?

Algunos padres se preguntan hasta qué punto deben ayudar a sus hijos a realizar sus deberes de la escuela en casa, si deben mirar su agenda escolar cada día para ver cuáles son las tareas que han sido asignadas para realizarlas en casa o si esa es una responsabilidad del niño, o bien si deben preguntar en el grupo de WhatsApp de padres de la clase si hay algo de lo que su hijo no se ha acordado o no ha anotado.

La respuesta sería que depende de cada caso, evidentemente no podemos generalizar, ya que no todos los niños son iguales ni todas las situaciones son las mismas. También tiene que ver con la edad del niño. Cuando son más pequeños, es normal que necesiten de la ayuda de sus padres para poder organizarse y realizar lo que ha pedido el maestro, o incluso para estudiar para algunos exámenes. Pero parte de la labor, tanto de los padres como de los docentes, es enseñar a los niños a ser autónomos y responsables de sus propias obligaciones, brindarles las herramientas para que puedan ser organizados y estructurados, pero después dejarlos que ellos aprendan a llevar a cabo sus responsabilidades.

Claro está que hay casos específicos, en los cuales un niño, por sus características personales, necesitará de la compañía y de la ayuda de un adulto.

Cuando, por ejemplo, una madre cada tarde se sienta junto a su hija a hacer los deberes y las cosas comienzan a salirse de control, con gritos, tensiones, malos humores y explosiones por ambas partes, es aconsejable buscar una persona ajena al núcleo familiar para que pueda dar soporte, ya sea en casa o en algún centro. Logopedas, psicopedagogos o profesionales que dan refuerzo escolar, son los mas adecuados para realizar esta labor y así preservar mejor la relación maternofilial.

De lo que se trata es de poder preservar los roles evitando que se mezclen; es decir, que la madre tiene que llevar a cabo su rol de madre y no de profesora en casa.

92 / 100

LA ÉPOCA EN LA QUE VIVIMOS. MUNDO DE PRISA

Estamos transitando en un momento en el que reina la inmediatez, en el que la capacidad de espera es demasiado corta y en el que muchas cosas las conseguimos tan solo con dar un clic. Es la época del usar y tirar, en la que lo viejo ya no sirve y se convierte en obsoleto velozmente. A su vez, la tecnología avanza a pasos agigantados y con ella también la sociedad, la globalización y el consumismo. La paciencia y la tolerancia han quedado relegadas a un segundo plano.

Las familias, al igual que las personas, van evolucionando y cambiando constantemente y están obligadas a ir resolviendo desafíos y adecuándose a la época que les ha tocado vivir.

En muchos de los hogares las dinámicas y rutinas diarias se desenvuelven en un clima agitado y de poca tranquilidad. Muestra clara de esto son las mañanas antes de ir a la escuela en las que se viven momentos de estrés y, como si de una carrera se tratara, hay que despertar a los niños, vestirlos, darles de desayunar y prepararlos para salir y llegar a tiempo a clase.

Este mundo de prisa y repleto de cosas inmediatas, en el cual se puede obtener las últimas noticias en el momento y en el que todo se encuentra más fácilmente a nuestro alcance, ha originado que los niveles de paciencia y de tolerancia en los menores sean realmente bajos y que la capacidad de espera sea cada vez menor.

Todo esto ha traído consecuencias importantes en las relaciones humanas y en nuestro desarrollo emocional. Adultos y niños cuentan cada vez con menos tiempo para poder parar, pensar y reflexionar sobre lo que viven, sobre lo que sienten y sobre lo que acontece a su alrededor.

No podemos olvidar que los niños no tienen prisa, sobre todo los pequeños, quienes todavía no dominan la noción del tiempo y que aún saben gozar y disfrutar del momento presente. Tristemente esta es una habilidad que al cabo del tiempo se va perdiendo.

93 / 100

CAMBIO DE ERA: DEL AUTORITARISMO A LA PERMISIVIDAD

En un intento por cambiar la manera de educar a los niños, se ha producido el paso del autoritarismo, en el que se ordena y se manda, a la permisividad, bajo la cual todo debe negociarse. Cabe aclarar que no es lo mismo no ser autoritario a que todo esté permitido.

En términos generales, los padres de ahora han recibido una educación más rígida y menos laxa, basada en la autoridad y en la obediencia, y esto ha ocasionado que algunos de estos padres hayan apostado por irse al otro extremo. Ahora se vive con miedo de privar a los niños de sus deseos y de hacerlos sufrir, y prima ante todo la resolución de las demandas de los menores. Parece, en ocasiones, que los roles están intercambiados y que los niños mandan a los padres, convirtiéndolos en sus esclavos.

Los padres de hoy intentan evitar el conflicto y desisten de su autoridad, consintiendo demasiado a los niños por miedo a traumatizarlos, y terminan cediendo. Es entendible que los padres estén cansados, que tener que conciliar la vida laboral con la vida familiar sea difícil y complejo y que la paciencia sea escasa; pero si para evitar las discusiones o los conflictos adoptan actitudes bastante permisivas, en realidad los problemas crecerán, cada vez será más difícil relacionarse con los hijos y estos aprenderán que pueden conseguir lo que desean fácilmente.

Toda esta situación en realidad angustia a los niños, porque ocupan un rol que no les corresponde ni se encuentran preparados para llevar a cabo. Las jerarquías en una familia existen por una razón: los padres no deben ocupar el lugar de los niños, así como los niños no han de situarse en el territorio de los padres.

94 / 100

LA INFANCIA DE HOY. CÓMO ESTABLECER NORMAS PARA EDUCAR

Los niños de hoy ya no son los de ayer, y los padres del presente tampoco son como los de antaño, por lo que evidentemente hay que adaptarse y sentar las pautas que deben cumplirse en casa desde otro ángulo.

Los padres deben poder implantar normas y límites claros, que ayuden a desenvolver las dinámicas familiares de la mejor manera y que favorezcan una educación emocional adecuada. Ayudará si los niños comprenden qué sentido tienen.

No es necesario que los padres se comporten de manera autoritaria e inflexible, pero la imposición de las reglas y los límites son importantísimos en la educación de los hijos y en el buen funcionamiento de la familia. Los niños tienen que tener claro que son los padres quienes mandan en casa.

Para ejercer la autoridad paterna no es necesario imponer castigos, ser distantes y poco afectuosos, ya que eso solamente provocará en los hijos desconfianza y miedo. No debe ser una autoridad en la que prime el dominio, la fuerza, la prepotencia o la superioridad, sino la que eduque, acompañe, sostenga y que ejerza una influencia positiva en los niños. Un límite firme durará más y causará menor daño que un castigo que ha sido motivado por la rabia o por la desesperación.

La educación hacia los niños de nuestros días ha de ser la que respete, escuche, entienda y tome en cuenta al niño, pero que a su vez logre que se respeten las normas, que se entiendan, que los niños comprendan las consecuencias que tiene su conducta y que acepten las frustraciones, para que puedan controlar sus impulsos y aprender de sus errores. Al final, se les estará haciendo un favor para prepararlos mejor para la vida y para el futuro.

Los padres no deben temer cuando establecen su autoridad. Los niños la necesitan, la demandan, no dejarán de quererlos por no permitirles jugar más tiempo en el parque cuando ya ha obscurecido o por no haberles comprado el juguete que querían.

95 / 100

JUEGO TRADICIONAL *VS.* VIDEOJUEGOS

El juego es la acción natural que tiene un niño para poder conocer, aprender, procesar lo que le acontece y divertirse. Desde los primeros meses de vida un ser humano ya está jugando.

Vivimos en un mundo cada vez más moderno y en el que las nuevas tecnologías nos invaden, como lo hacen también los videojuegos, cada vez más actuales, con imágenes más nítidas y realistas, pero también, muchos de ellos, más agresivos.

Muchos juegos y juguetes convencionales se han visto amenazados por los videojuegos y en algunas casas han quedado abandonados en las estanterías.

Los niños pueden pasar horas jugando en ordenadores, consolas, móviles y todo tipo de dispositivos electrónicos, quedando atrapados y envueltos en los sentimientos de competitividad y venganza que producen estos juegos. Además, la manera en que enseñan a los niños a resolver los conflictos no es la adecuada.

La mayoría de los personajes de los videojuegos no poseen las sutilezas psicológicas de los seres humanos, y muchos están llenos de rabia y miedo. Enseñan a los niños a resolver los problemas utilizando la agresión y la violencia, otorgándole más importancia a los actos que a los pensamientos y la reflexión.

El juego tradicional permite que los niños puedan jugar a las cosas que les preocupan o les angustian y así poder ir entendiendo su propia realidad.

Cuando los padres pueden disponer de tiempo de calidad y jugar algún juego de mesa con sus hijos, será una buena manera de compartir con ellos y reducir el tiempo que los niños pasan mirando la televisión o jugando con videojuegos. Además, estos juegos aportan a los niños valores como el compartir, intercambiar y el divertirse sanamente.

Existen videojuegos que han sido desarrollados adecuadamente, que estimulan la concentración o las habilidades y donde la violencia y la muerte no forman parte de sus contenidos lúdicos, por lo que no sucederá nada si los niños juegan, siempre y cuando se haga con medida.

No se trata de que los padres prohíban que sus hijos utilicen los videojuegos, alejándolos de la realidad en la que vivimos y provocando que puedan sentirse excluidos cuando sus compañeros hablen de estos. Pero sí pueden controlar qué tipo de videojuegos les permiten jugar, siempre de acuerdo a su edad cronológica y durante un tiempo delimitado. Un niño de 6 años no tiene por qué estar jugando juegos de matar, decapitar y ver sangre en la pantalla, ya que estará sobreestimulado y no será capaz de procesar las emociones que se le despertarán, lo invadirá la angustia y los nervios y, en algunos casos, hasta podría llegar a ser agresivo en casa o en la escuela.

Los padres deben fomentar que el niño pueda jugar a otro tipo de juegos que promuevan las actividades emocionales, intelectuales, psicomotoras, sensoriales y sociales, y que el juego tecnológico sea solamente un complemento más en los tiempos de ocio de sus descendientes.

Cuando un niño pasa demasiadas horas adherido a una pantalla no podrá interactuar con el resto de la familia, se perderá los beneficios que brinda salir al parque a conocer nuevos amigos, realizar actividad física y enriquecerse de las relaciones sociales y de los estímulos que el ambiente le ofrece. Aun cuando esté jugando videojuegos con otra persona, no habrá mucha interacción ni diálogo entre ellos. Por último, si el tipo de consola o videojuego no implica movimiento estarán sentados por mucho tiempo sin hacer ningún tipo de esfuerzo físico. Además la fantasía y la imaginación se verán delimitadas a lo que la pantalla ofrece y no habrá la posibilidad de crear el propio juego o desarrollar un juego simbólico.

96 / 100

NUEVOS MODELOS DE FAMILIA

La familia es un fenómeno universal que se manifiesta de distintas formas según la cultura, la religión, el país y la sociedad en la que habita. Es la institución principal de socialización.

Al igual que la sociedad, la familia ha ido evolucionando y se ha tenido que ir adaptando. En el pasado el modelo de familia era uno: un padre, una madre y los hijos. Ahora existen diversos modelos de familia, como las biparentales o nucleares, las monoparentales, las homoparentales —compuestas por dos madres o por dos padres—, las de acogida, las adoptivas, las familias de padres separados o divorciados, las reconstituidas o compuestas debido a nuevas uniones y, por último, las extensas.

No es que un modelo de familia sea mejor que el otro, lo importante es que propicie el bienestar de cada uno de sus miembros. Es cierto que estos cambios no son sencillos de aceptar para todas las personas y se requiere de un tiempo para desmontar los esquemas preestablecidos y adaptarse a los nuevos.

También las familias actuales han cambiado con la potente globalización que impera. Se ven cada vez más familias compuestas por padres de diferentes nacionalidades que viven en el país de origen de uno de los dos, o bien en un tercer país. En algunas familias puede pasar incluso que cada uno de los hijos haya nacido en un país diferente.

Los índices de separaciones y divorcios han ido en aumento en las últimas décadas. Muchos son los padres que, después de separarse, comenzarán a tener una relación con una nueva pareja... Y están en todo su derecho al hacerlo, pero no deben olvidar que para los niños no suele ser una situación fácil de sobrellevar y que necesitarán de un tiempo para poder aceptar el hecho, a esta nueva persona y a los hijos de esta en caso de que existan. Es recomendable que hasta que no sea una relación estable no se introduzca a esta nueva pareja en la vida de los niños, para no confundirlos. Todos necesitarán tiempo, adaptación, disposición y mucha flexibilidad para que estas nuevas alianzas funcionen de la mejor manera posible.

97 / 100

CONFUSIÓN DE ETAPAS DE VIDA

Las etapas de un ser humano se suelen dividir en:
– etapa prenatal,
– etapa de la infancia,
– etapa de la niñez,
– etapa de la adolescencia,
– etapa de la juventud,
– etapa de la adultez
– y etapa de la vejez.

La duración de estas etapas de la vida poco a poco se ha ido modificando, y es cierto que hoy en día la niñez suele durar menos y que la pubertad se asoma a edades más tempranas, que la adolescencia se ha extendido algunos años y que los adultos jóvenes intentan alargar esta etapa lo más que pueden antes de sumergirse de lleno en la adultez, con las responsabilidades que esta conlleva. Por último, gracias a los avances médicos y científicos, cada vez los seres humanos vivimos durante más tiempo.

Como adultos tenemos la responsabilidad de permitir que los niños sean niños y entender la etapa de la vida por la que transitan. Si no lo hacemos ejercemos sobre ellos una manera violenta de actuar, al esperar que puedan hacer todo de inmediato, incluso antes del tiempo cronológico y evolutivo que les corresponde, dando origen a niños *adultomorfos* y corriendo el riesgo de que se origine una falsa imagen de ellos mismos.

A algunos padres de hoy en día les es complicado también establecer estas diferencias e intentan situarse en el mismo escalón que sus hijos, les cuesta poner en claro quién es el que manda en la relación y quién es el que debe llevar a cabo las funciones de adulto en casa.

La sociedad también contribuye en el borrado de estas diferencias. Como claro ejemplo encontramos las grandes tiendas de moda, en las que la ropa que puede comprar una niña, una adolescente o una adulta pueden ser muy similares.

Las etapas de la vida tienen su razón de ser y es importante ser respetuosos con cada una de ellas.

98 / 100

LA ERA DIGITAL

Nadie puede negar que estamos viviendo en plena era digital, en la que existen un sinfín de aparatos electrónicos que nos ayudan a resolver y a llevar a cabo muchas de nuestras tareas cotidianas. Los usamos para comunicarnos con la gente que está cerca y lejos, para enviar y recibir mensajes de forma inmediata, como cámara, para escuchar música, para utilizar nuestro correo electrónico, para estar al día en las redes sociales, para jugar y para utilizar un sinfín de aplicaciones que no cesan de inventarse.

Estos avances tecnológicos han traído como consecuencia el que los niños pasen muchas horas delante de las pantallas, lo cual tiene su parte positiva y, sin duda, su lado negativo.

Algunos aspectos positivos que podemos destacar son:

– el acceso a nuevos conocimientos,

– conocer otras culturas,

– aprender idiomas,

– identificarse con algunos personajes que pueden ayudarlos a resolver sus conflictos vitales

– y aprender jugando mediante programas educativos.

Pero también hay algunos aspectos negativos, como son:

– pasar demasiadas horas sentado y sin moverse,

– confusión de la realidad y la fantasía gracias a lo que mira en las pantallas,

– cabezas infantiles hiperexcitadas, llenas de estímulos y de imágenes,

– altas dosis de agresividad en videojuegos que estimulan conductas violentas en los niños, llevándolos a repetir patrones violentos y antisociales

– y peligro de retraerse y encerrarse en su propio mundo.

Pero los niños no son los únicos que abusan de la tecnología, los padres también están enganchados a móviles, tabletas, relojes y portátiles. A veces los niños se topan con padres que, en lugar de mirarlos a ellos, están mirando a su móvil... y que incluso los festivales escolares los viven a través de una pantalla. Es el ejemplo que están predicando a sus descendientes.

99 / 100

LÍMITES DIGITALES

Los niños, desde edades muy tempranas, se ven atraídos por las imágenes que se emiten desde los dispositivos electrónicos.

El uso de la tecnología en cada hogar es responsabilidad de los padres. Son ellos y no los niños quienes deben decidir qué aparato permiten usar a sus hijos, en qué momento y durante cuánto tiempo.

No es fácil establecer estos límites ni tampoco cumplirlos, los niños suelen ser muy insistentes en sus deseos de utilizar estos artilugios y, por lo general, les cuesta trabajo aceptar los tiempos estipulados para su uso. Los padres, en un acto de desesperación, pueden llegar a permitirles su uso prolongado para evitar discusiones.

Existen algunas premisas sobre el uso de la tecnología en los niños que vale la pena tener en cuenta.

Sobre *el tiempo* de uso, lo recomendable es que un niño menor de 6 años de edad no pase más de una hora al día utilizando cualquier tipo de pantalla (móvil, ordenador, televisión, consolas, videojuegos, etc.). Si tienen más de 6 años como máximo este tiempo puede ser de dos horas.

Sobre *el momento* en que un niño puede hacer uso de las pantallas electrónicas se recomienda también que sea el adecuado:

– Si es un niño que ya está en primaria, primero deberá hacer sus deberes y cumplir con el resto de sus responsabilidades.

– No se recomienda que se utilicen a la hora de desayunar, comer o cenar.

– Si es muy noche, tampoco es aconsejable, ya que algunas imágenes estimulan el cerebro y luego les será complicado conciliar el sueño.

– Según cada caso, algunos padres pueden permitir a sus hijos el uso de algunas pantallas solamente durante los fines de semana.

Sobre *lo que se mira* con esta tecnología, los padres o adultos a cargo de un niño tienen la responsabilidad de controlar el móvil, la tableta, la televisión, internet o el videojuego al que juegue.

Es evidente que las tareas cotidianas de los padres en casa no permiten que cada vez que un niño se siente frente a un aparato electrónico los padres estén a su lado, además de que se suelen usar como el mejor entretenimiento para que los niños no molesten a los padres y les dejen terminar sus quehaceres. Pero sí que es importante que un adulto pueda enseñar a los niños, por ejemplo, cómo navegar en internet y que, en la medida de lo posible, los acompañen y asesoren, o bien que se acerque de tanto en tanto para revisar qué es lo que están mirando.

Internet es uno de los grandes inventos de nuestra era. Nos permite fácilmente acceder a un sinfín de información desde cualquier sitio en el que estemos y desde diversos medios. Si permitimos que un pequeño navegue libremente por internet podemos correr el riesgo de que se encuentre con contenidos indeseados o inapropiados para su edad y que lo más seguro es que el niño no sea capaz de entender ni de asimilar. Se debe activar la función *control parental*.

Si acostumbramos a los niños a que desde pequeños puedan entretenerse de otras maneras (jugando, construyendo, creando, imaginando, dibujando, etc.), cada vez que no sepan lo que hacer no sentirán la necesidad de recurrir a una pantalla para calmar su aburrimiento.

100 / 100

LA VARITA MÁGICA

En mi práctica profesional como psicóloga clínica, me encuentro con frecuencia con una condición sobre la que apunto aquí una reflexión.

A quienes atiendo, sean niños, adolescentes o adultos, acuden en busca de ayuda, en ocasiones de manera desesperada y con la expectativa de resolver en breve tiempo los problemas que los aquejan. Para ello pretenden conocer las causas y las posibles soluciones, incluyendo las pautas a seguir.

Soy la primera que quisiera cumplir con esta exigencia, disponer de una especie de *varita mágica* con la que, añadiendo algunas palabras clave, pueda ayudar a resolver tales problemas y evitar que mis pacientes dejen de padecer.

Quisiera que los niños no tuvieran más enfrentamientos con sus padres, que su rendimiento académico fuese excelente, que se desenvolvieran en sociedad sin roces y que tuvieran muchos amigos, sin complejos, sin conflictos de personalidad, sin trastornos en su desarrollo, sin obsesiones, depresión o enfermedad.

Sería magnífico contar con una *goma de borrar* para eliminar una y otra vez los obstáculos que tenemos enfrente y los errores que hemos cometido.

Desafortunadamente ni los padres, ni los abuelos, maestros, médicos, ni siquiera los psicólogos disponemos de una de esas *varitas* o *goma* alguna de borrar.

Lo que podemos hacer es crear un entorno para que entre todos acompañemos y guiemos lo mejor posible a los niños, con dedicación, paciencia, tolerancia y empatía, entendiendo precisamente las condiciones de su niñez con todo lo que eso significa existencialmente.

BIBLIOGRAFÍA

BALLENATO, G. (2007): *Educar sin gritar. Padres e hijos: ¿convivencia o supervivencia?* Madrid: Ed. La Esfera de los Libros.

BLINDER, C.; KNOBEL, J.; SIQUIER, M. L. (2008): *Clínica psicoanalítica con niños*. Madrid: Editorial Síntesis.

BOSWELL, S. (2007): *Comprendiendo a tu bebé*. Barcelona: Ediciones Paidós Ibérica, SA. Nueva Clínica Tavistock.

BOTBOL, M. (2008): *Bebé, bienvenido al mundo (0-3 años)*. Madrid: Editorial Síntesis.

CABEZUELO, G.; FRONTERA, P. (2006): *Cuídame mucho. Las enfermedades infantiles explicadas a los padres*. Barcelona: Ediciones Paidós Ibérica.

CÉSPEDES, A. (2013): *Educar las emociones*. Barcelona: Ediciones B.

EMANUEL, L. (2007): *Comprendiendo a tu hijo de 3 años*. Barcelona: Ediciones Paidós Ibérica, SA. Nueva Clínica Tavistock.

FILLAR, N.; Nicolás, R.; Oromí, I. (2000): *Guía para la salud emocional del niño*. Barcelona: Ed. Medici.

GOMPERTZ, W. (2015): *Piensa como un artista*. Barcelona: Ed. Penguin Random House Grupo Editorial.

GUSTAVUS, S. (2007): *Comprendiendo a tu hijo de 1 año*. Barcelona: Ediciones Paidós Ibérica, SA. Nueva Clínica Tavistock.

GUTIÉRREZ, C. (2015): *Entrénalo para la vida*. Barcelona: Plataforma Editorial.

KNOBEL, J. F. (2013): *El reto de ser padres*. Barcelona: Ediciones B.

LANDAETA, C. (2010): *Nadie nos enseñó a ser padres. Una guía para los nuevos líderes familiares*. México DF: Ed. Grijalbo.

MARONI, L. (2008): *Comprendiendo a tu hijo de 4-5 años*. Barcelona: Ediciones Paidós Ibérica, SA. Nueva Clínica Tavistock.

MILLET, E. (2015): *Hiperpaternidad*. Barcelona: Plataforma Editorial.

PUYANÉ, M.; SABANÉS, A. (2016): *En la vida i en la mort. Com acompanyar en el procés de dol els nens i adolescents*. Barcelona: Créixer Intel·ligència Emocional. Ed. Publicacions de l'Abadia de Montserrat.

TIZÓN, J. L.; SFORZA, M. G. (2008): *Días de duelo. Encontrando salidas*. Barcelona: Alba Editorial.

WINNICOTT, D. W. (2008): *Realidad y juego*. Barcelona: Editorial Gedisa.

AGRADECIMIENTOS

Muchas gracias a Verónica Bronstein y al Instituto de la Infancia por permitirme llevar a cabo este proyecto y por la confianza en la escritura de estas páginas.

Al Dr. León Bendesky por su ayuda y asesoría, y a la maestra Martha Corenstein por la revisión tan minuciosa del libro.

A Eyal Arbiv por su paciencia y cariño en todo este tiempo de escritura e inmersión en este libro.

Gracias a todos mis pacientes por sus enseñanzas y por dejarme acompañarlos en momentos en los que la vida les ha puesto alguna dificultad.

Y, finalmente, gracias a la vida por permitirme hacer este sueño realidad.